2.-4. Schuljahr

Noten lernen kinderleicht

mit Fridolin, dem Notenhelfer

Theorie kleinschrittig und verständlich

www.kohlverlag.de

Noten lernen kinderleicht

... mit Fridolin, dem Notenhelfer

4. Auflage 2024

Inhalt: Sabine Runge
Umschlagbild: © Rawpixel - fotolia.com
Cliparts: © clipart.com
Adobe Stock: © fanny76 (S. 24 & 31), © highwaystarz (S. 45), © womue (S. 58)
Redaktion: Kohl-Verlag
Grafik & Satz: Kohl-Verlag
Druck: farbo prepress GmbH, Köln

Bestell-Nr. 12 109

ISBN: 978-3-96040-243-5

Der vorliegende Band ist eine Print-Einzellizenz

Sie wollen unsere Kopiervorlagen auch digital nutzen? Kein Problem – fast das gesamte KOHL-Sortiment ist auch sofort als PDF-Download erhältlich! Wir haben verschiedene Lizenzmodelle zur Auswahl:

	Print-Version	PDF-Einzellizenz	PDF-Schullizenz	Kombipaket Print & PDF-Einzellizenz	Kombipaket Print & PDF-Schullizenz
Unbefristete Nutzung der Materialien	x	x	x	x	x
Vervielfältigung, Weitergabe und Einsatz der Materialien im eigenen Unterricht	x	x	x	x	x
Nutzung der Materialien durch alle Lehrkräfte des Kollegiums an der lizensierten Schule			x		x
Einstellen des Materials im Intranet oder Schulserver der Institution			x		x

Die erweiterten Lizenzmodelle zu diesem Titel sind jederzeit im Online-Shop unter www.kohlverlag.de erhältlich.

Inhalt

Vorwort

Die Methode ist ausschlaggebend für den Erfolg.
Unterrichtswerke, die zu kompliziert erklärt werden, lassen viele Kinder die Lust an der Sache verlieren, bevor sie überhaupt geweckt werden kann.

In diesem Buch lernen Schüler/innen die Noten von C1 bis zum C3. Ebenso verschiedene Notenwerte bzw. Pausenzeichen, Taktarten, den Violinschlüssel und den Haltebogen. Sie werden von Fridolin dem Notenhelfer spielerisch übermittelt. So macht das Erlernen von Noten Spaß. Außerdem befinden sich im Buch Notenspiele die in allen Schulklassen gespielt werden können. Dazu kommen Notenrätsel, Bilder die man durch Notennamen verbindet. Die Bilder können im Anschluss bunt ausgemalt werden. Man kann auch mit Noten Wörter schreiben und mit geheimen Matheaufgaben andere zum Staunen bringen. Übungsseiten sind ebenfalls vorhanden.
Das Buch ist nicht nur für den Grundschulbereich geeignet, sondern auch für alle Musikschulen und für Laien zum eigenständigen erlernen der Noten – für Kinder und Erwachsene. Alle Notenübungen sind so aufgebaut, dass man Schritt-für-Schritt schnell und leicht die Notenlehre versteht.

Sabine Runge

Mit den Begriffen „Schüler“ bzw. „Lehrer“ sind im ganzen Band selbstverständlich auch die Schülerinnen und Lehrerinnen gemeint, bezeichnet und mit eingeschlossen!

Noten lernen kinderleicht mit Fridolin, dem Notenhelfer – Bestell-Nr. 12 109
KOHL VERLAG Lernen mit Erfolg

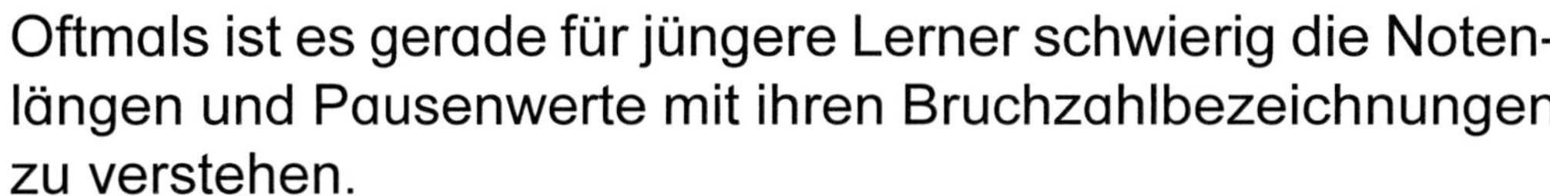

Oftmals ist es gerade für jüngere Lerner schwierig die Notenlängen und Pausenwerte mit ihren Bruchzahlbezeichnungen zu verstehen.
Fachlich richtig sind diese allemal. Eine Variante die das Verstehen erleichtert, findet sich in einfacheren Bezeichnungen. Diese benennen gleich den Wert einer Note indem die Anzahl der Schläge bereits im Namen Verwendung finden.

Man kann also im ganzen Werk die Notenlängen auch mit folgenden Bezeichnungen zum leichteren Verständnis ersetzen.

	Zählzeit	**fachliche Bezeichnung**	**einfache Bezeichnung**
	1	Viertel Note	Einer Note
	1-2	Halbe Note	Zweier Note
	1-2-3	Dreiviertel Note	Dreier Note
	1-2-3-4	Ganze Note	Vierer Note
	1	Viertel Pause	Einer Pause
	1-2	Halbe Pause	Zweier Pause
	1-2-3	Dreiviertel Pause	Dreier Pause
	1-2-3-4	Ganze Pause	Vierer Pause

Lektion 1 & 2

Hallo zusammen, ich bin Fridolin.

Sicher habt ihr schon solch eigentümliche Zeichen gesehen, die rund um mich schwirren. Was sind das? Und wozu werden sie verwendet? Das alles erzähle ich euch. Eigentlich gehören sie an einen bestimmten Platz und zwar an diesen:

Das sind **Notenlinien**. Und wenn ihr die Linien zählt, sind es immer **fünf Linien**, die den gleichen Abstand haben.

Diese Notenlinien werden **Notensystem** genannt.

Ich zeige euch, wie ihr ganz leicht Noten lernen könnt. Habt keine Bedenken, denn so schwierig ist das nicht. Ich erkläre euch alles Wichtige, sodass euch Noten lesen und schreiben bald richtig Spaß macht.
Aber nun lasst uns gleich beginnen. Viel Spaß!

Euer Fridolin

Fridolin hat euch Buchstaben und eine erste Note mitgebracht. Sieht diese nicht ein wenig wie ein Ei, das auf der Seite liegt, aus?

Fridolin hat euch die ersten drei Noten **C, D** und **E** in die Notenlinien gemalt.

Schaut einmal auf die Note C unter den fünf Linien. Dort ist in der Note eine ganz kurze Linie zu sehen. Man nennt sie **Hilfslinie**. Auf dieser Hilfslinie sitzt die Note C.

Die Noten sind schön sortiert. Es sitzt immer eine Note entweder **auf einer Linie**, sodass die Linie genau durch die Note läuft, oder in einem der **Zwischenräume**.

Noten lernen kinderleicht mit Fridolin, dem Notenhelfer – Bestell-Nr. 12 109

Lektion 2

Schreibt nun die passenden Notennamen (Buchstaben) unter die Noten. Siehst du ein C, D oder E?

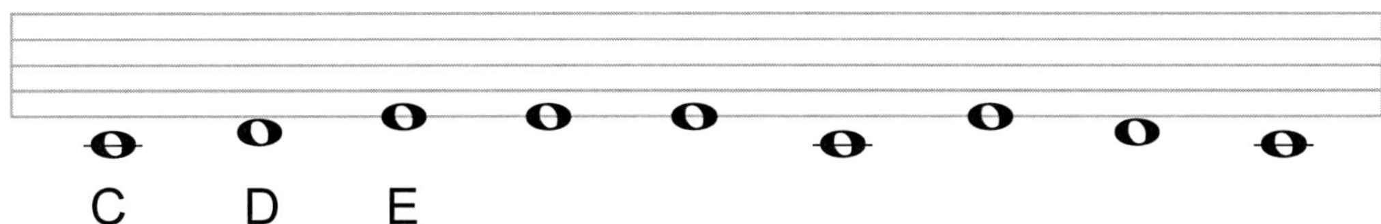

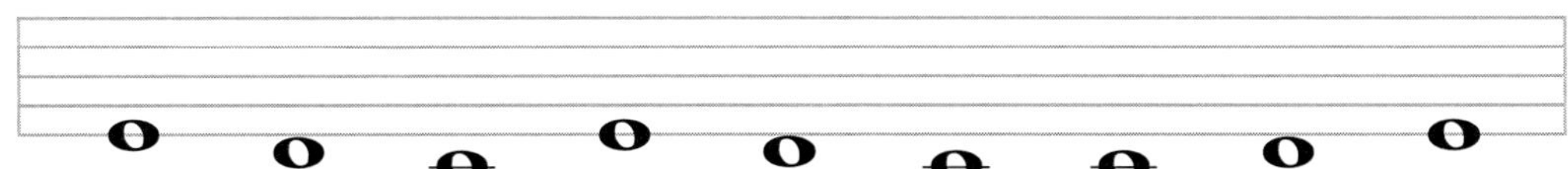

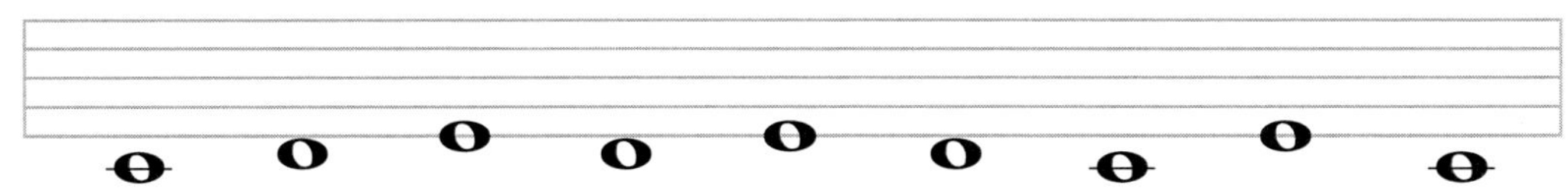

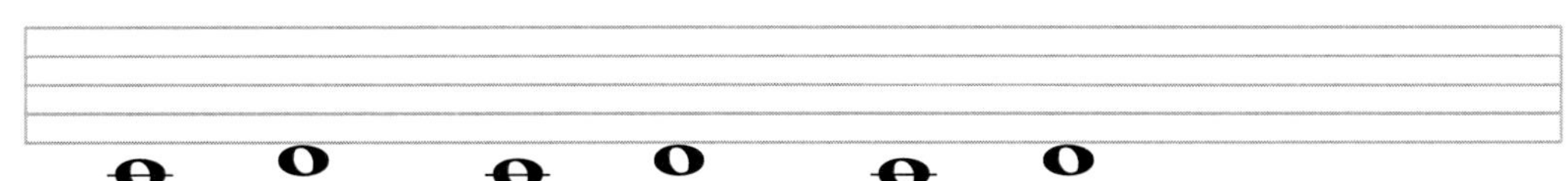

Wenn ihr die Hilfslinien der C Noten mit einem Lineal und einem Bleistift verlängert, seht ihr, dass sich die Note D in einem Zwischenraum befindet. Probiert es einmal aus.
Das war allerdings eine Ausnahme, damit du das D im Zwischenraum siehst, denn außerhalb des Notensystems arbeiten wir **nur** mit **kurzen Hilfslinien**!

Yippie, toll gemacht!

Lektion 2

Nun seid ihr dran. Versucht mit einem gespitzten Bleistift die Noten auf die richtige Linie oder in den richtigen Zwischenraum zu zeichnen.

Die Notennamen (Buchstaben) verraten euch, welche Note ihr einzeichnen sollt.

Achtet darauf genau zu arbeiten, damit man erkennen kann, welche Note gemeint ist.

D E C E E D

C C D E D C

E C D E C C

E D E C E C

Wenn ihr fertig seid, tauscht eure Arbeit mit einem Partner. Dieser darf nun die Noten kontrollieren. Findet ihr Fehler, markiert ihr sie farbig. Vergleicht gemeinsam und verbessert eure Fehler.

KOHL VERLAG Noten lernen kinderleicht mit Fridolin, dem Notenhelfer – Bestell-Nr. 12 109

Lektion 3

Was trägt Fridolin nun in seinen Händen?

Die **Note F** ist dazu gekommen. Die Note F sitzt **im ersten Zwischenraum** der Notenlinien **im Notensystem**.

„Fridolin, male für uns doch bitte die Noten: C – D – E und F!“

„Okay, für euch male ich das doch gerne. Los geht es!“

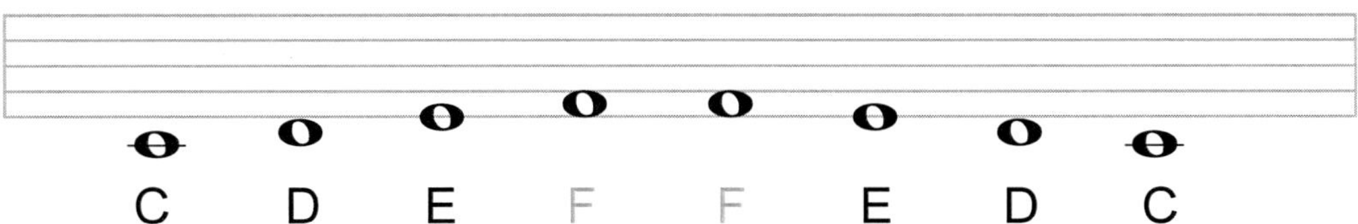

Nun möchte Fridolin sehen, ob ihr es verstanden habt. Schreibt unter die Noten der Reihe unten den passenden Notennamen (Buchstaben) und markiert alle F Noten farbig. In die Linie darunter zeichnet ihr dann die passenden Noten zu den angegebenen Notennamen (Buchstaben) ein. Tauscht mit einem Partner und verbessert euch gegenseitig.

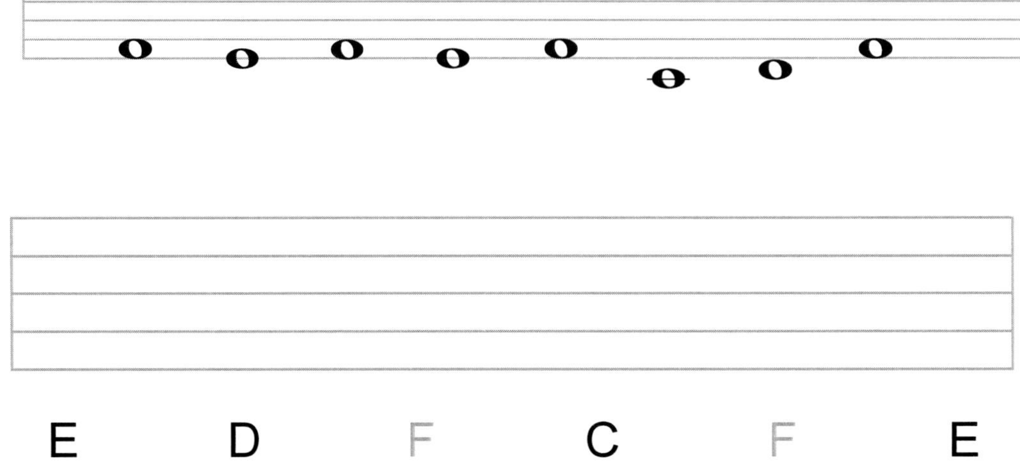

Noten lernen kinderleicht

Lektion 4

Schaut, was Fridolin nun in seinen Händen hält.

Fridolin zeigt euch die **Note G**. Die Note G liegt **auf der zweiten Linie des Notensystems**.

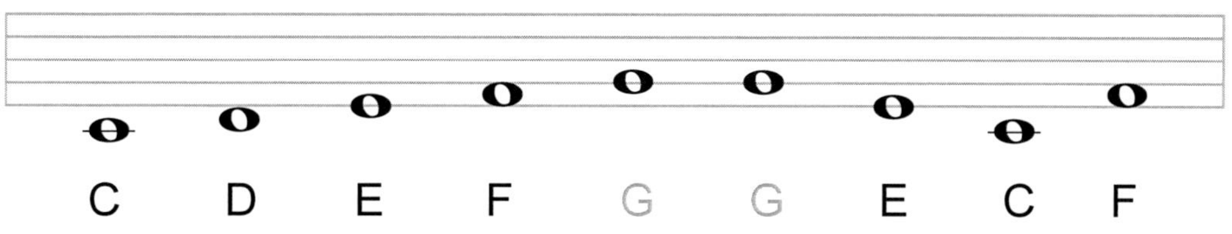

Gruppenspiel

Setzt euch für dieses Spiel bitte in Gruppen von 4 Kindern (notfalls auch zu dritt) zusammen.

1.) Jeder von euch benötigt ein Blatt auf das Notenlinien eingezeichnet werden. Das Blatt nach rechts weitergegeben.

2.) Nun schreibt jeder Spieler unter das Notensystem die Buchstaben C-D-E-F-G 20mal in beliebiger Reihenfolge. Achtet darauf, etwas Abstand zwischen den Buchstaben zu lassen! Das Blatt wird weitergegeben.

3.) Als nächsten Schritt gebt ihr das Blatt an denjenigen, der rechts von euch sitzt. Dieser hat nun den Auftrag, die passenden Noten zu den Notennamen (Buchstaben) einzuzeichnen.

4.) Zum Schluss wird das Blatt wieder nach rechts weitergegeben und dann vom Empfänger kontrolliert.

Und, wie gut hat es geklappt? Verbessert und besprecht eure Fehler. Wer die wenigsten Fehler hat, hat diese Runde gewonnen.

Tipp: Besprecht zuvor wie viele Runden ihr spielen wollt.

Noten lernen kinderleicht mit Fridolin, dem Notenhelfer – Bestell-Nr. 12 109
KOHL VERLAG

Lektion 5

Hier seht ihr den **Violinschlüssel**, der auch **G-Schlüssel** genannt wird. Der G-Schlüssel (Violinschlüssel) kreist die Note G ein. Der Schlüssel zeigt uns, wie die Noten heißen. Er sagt uns, dass auf der zweiten Linie von unten die Note G sitzt. Würde uns der G-Schlüssel auf der zweiten Linie die Note C anzeigen, würden alle Noten ganz woanders sitzen.

Fridolin möchte nun viele G-Schlüssel sehen. Zeichnet mit einem Bleistift die Linien voller G-Schlüssel. Versucht aber, alle Schlüssel gleich groß zu zeichnen. Achtet darauf, dass ihr mit dem Violinschlüssel das G richtig umkreist. Fridolins Anleitung hilft euch dabei.

Lektion 6

„Nanu, Fridolin, was zeigst du uns denn nun?“

Seht ihr den Unterschied? Die erste Note ist innen ausgemalt und hat rechts einen Strich. Das ist der **Notenhals**. Die erste Note trägt die Zahl 1. Die zweite Note besitzt ebenfalls einen Notenhals, ist innen offen und trägt die Zahl 2. Die dritte Note kennt ihr, aber nun trägt sie die Zahl 4.

Diese Zahlen haben etwas mit der **Notenlänge** zu tun. In der Fachsprache nennt man die Notenlänge **„Notenwert“**. **Jede Note hat eine andere Notenlänge bzw. einen anderen Notenwert.** Die Notenlänge erkennt man am Aussehen der Note. Deshalb sehen die Noten unterschiedlich aus.

Noten lernen kinderleicht mit Fridolin, dem Notenhelfer – Bestell-Nr. 12 109
KOHL VERLAG

Lektion 6

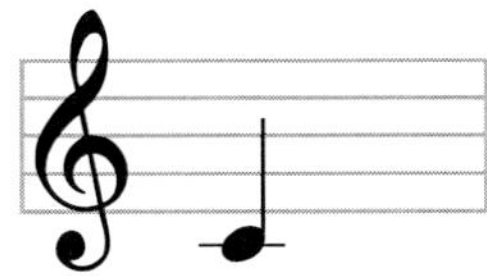

Die Viertelnote, sie ist 1 Schlag lang.
Man zählt 1.

Die Halbe Note, sie ist 2 Schläge lang.
Man zählt 1-2.

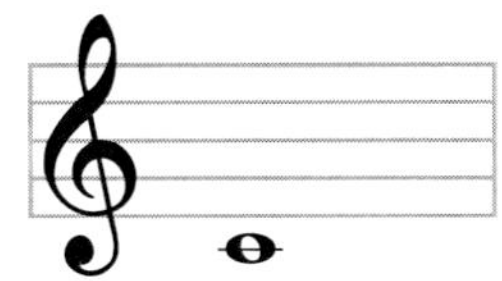

Die Ganze Note, sie ist 4 Schläge lang.
Man zählt 1-2-3-4.

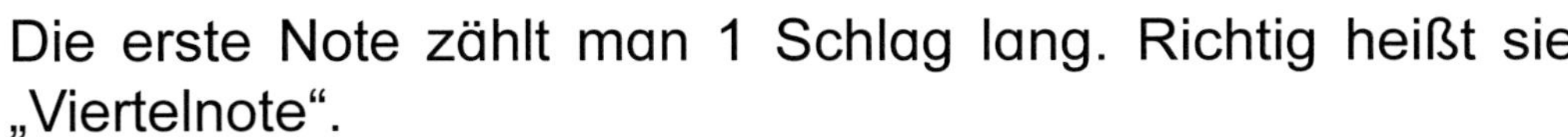

Die erste Note zählt man 1 Schlag lang. Richtig heißt sie „Viertelnote“.

Man zählt 1.

Man schlägt den Ton an und zählt bis eins.

Die Note mit zwei Schlägen heißt „Halbe Note“.

Man schlägt den Ton an und zählt 1-2.

Die Note mit vier Schlägen heißt „Ganze Note“.

Man zählt 1-2-3-4.

Man schlägt den Ton nur einmal an und zählt bis vier, weil der Ton so lange erklingt.

Probiert das doch einmal aus: Am besten eignet sich dafür eine Triangel oder ein Keyboardton, denn dieser klingt lange. Eventuell spielt jemand von euch Blockflöte? Dann kann er bzw. sie einen Ton vorspielen. Spielt die Viertelnote, die Halbe Note und die Ganze Note.

Nun kennt ihr schon die Tonlängen und das Notensystem. Fridolin hat aber noch mehr Neues für euch.

In diesem Kapitel habt ihr mit dem **Rhythmus** zu tun. Ihr dürft für den Anfang vereinfacht **Takt** dazu sagen.

Kinder, die Keyboard spielen, haben auf der linken Seite der Tastatur verschiedene Rhythmen wie Rock, Pop, Tango, Polka ...

Dies sind alles **Vier-Viertel-Takte**. Man zählt den **Takt immer vier Schläge lang**, also 1-2-3-4.

Klatscht mal in die Hände und zählt laut mit: „1-2-3-4“. Dann folgt ein neuer Takt, also beginnt ihr mit dem Zählen „1-2-3-4“ wieder von vorne.

Wenn in eurem Klassenzimmer ein Keyboard oder eine Gitarre steht, kann die Lehrkraft einen einfachen 4/4-Takt spielen. Dann hört ihr den Takt, der immer gleichbleibend durchläuft. Auch hier zählt nun mal alle laut mit: „1-2-3-4“. Damit es richtig Spaß macht, rückt eure Stühle und Bänke etwas zur Seite, sodass einige Kinder in der Mitte nach einem ausgesuchten Takt laufen oder tanzen können. Ihr könnt auch ein Lied einer CD dafür aussuchen oder die anderen klatschen einfach in die Hände. Die übrigen Kinder können mit einem Stift oder den Fingern leicht an der Tischkante anschlagen.

KOHL VERLAG
Noten lernen kinderleicht mit Fridolin, dem Notenhelfer – Bestell-Nr. 12 109

Lektion 6

Na, war das Zählen anstrengend? Nun widmen wir uns nun dem Takt auf dem Notenblatt und den Noten, die Fridolin uns bereits gezeigt hat.

Der 4/4-Takt besteht pro Takt immer aus 4 Schlägen.

Das bedeutet:

Wir brauchen von der **Viertelnote** 4 Stück um den Takt zu füllen, denn 4 x 1 Schlag= 4 Schläge.

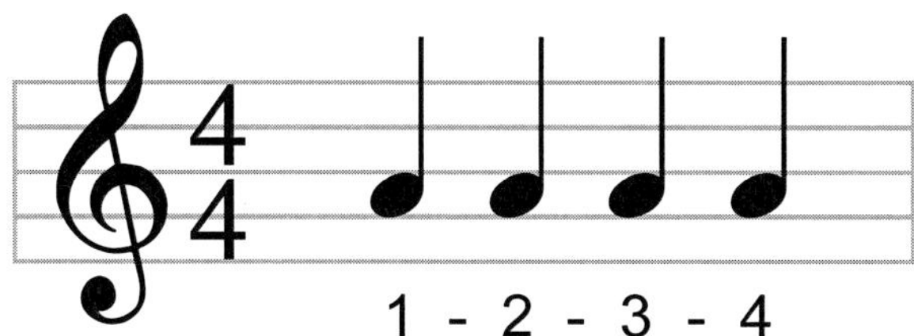

4 Viertelnoten

Die **halben Noten** werden „1-2“ gezählt, denn sie sind jeweils 2 Schläge lang.

Um den Takt auszufüllen (4 Schläge), brauchen wir 2 halbe Noten, denn 2x 2 Schläge = 4 Schläge.

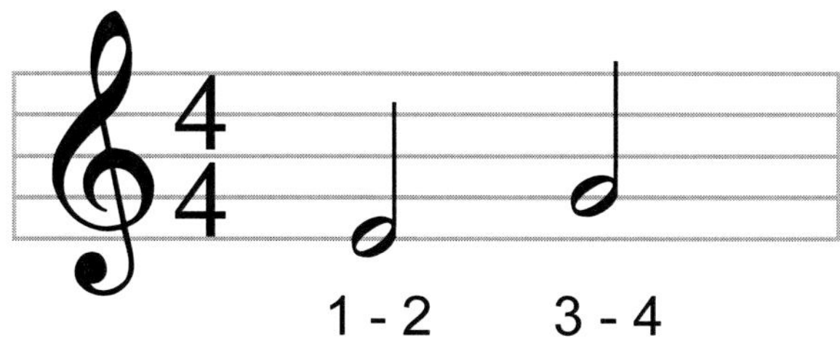

2 halbe Noten

Die **ganze Note** wird „1-2-3-4“ gezählt. Sie ist 4 Schläge lang. Wir brauchen nur eine ganze Note, um den Takt auszufüllen.

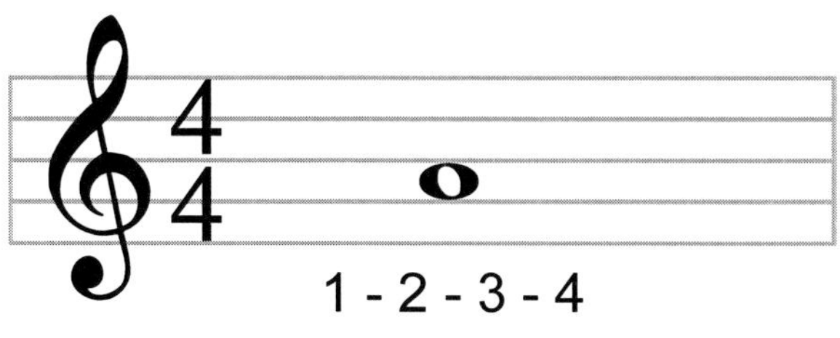

1 ganze Note

Lektion 7

Erinnert ihr euch noch, wie Fridolin euch den Violin- oder G-Schlüssel gezeigt hat? Auf den folgenden Seiten könnt ihr ihn wiedersehen. Der Violinschlüssel steht immer am Anfang der Notenlinien. Rechts davon stehen zwei Vieren untereinander. So kennzeichnet man den **Viervierteltakt**.

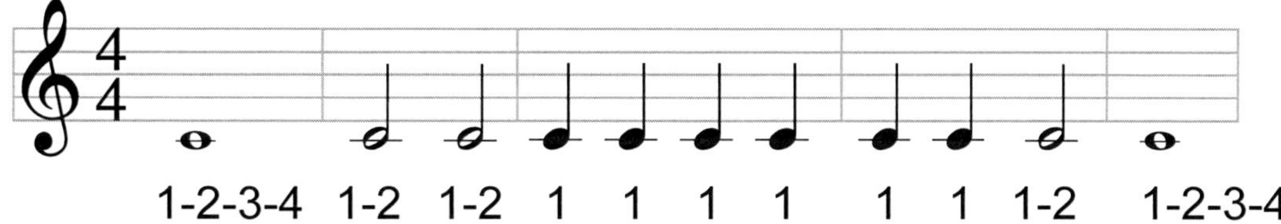

<u>Erster Takt</u>: Hier seht ihr den Violinschlüssel, die Angabe für den 4/4-Takt und eine ganze Note. Nach der Note folgt ein **Taktstrich**.

Wie viele Schläge hat die Note? Vier, oder? Somit ist der erste Takt bereits mit einer ganzen Note komplett ausgefüllt.

Dann folgt der nächste Takt, der durch den Taktstrich abgetrennt ist. Ein dünner Strich wird immer nach 4 Schlägen gezogen.

<u>Zweiter Takt</u>: Hier stehen 2 halbe Noten. Wie viele Schläge haben diese? Jeweils 2 Schläge, oder? Und 2 x 2 ergibt 4, somit ist auch der zweite Takt ausgefüllt. Es folgt der Taktstrich.

<u>Takt 3</u>: Hier stehen 4 Viertelnoten. Wie viele Schläge haben diese 4 Noten? Jeweils einen Schlag, also 4 x 1 ergibt 4. Es folgt ein Taktstrich.

Ein Takt im 4/4-Takt darf nicht mehr und nicht weniger als 4 Schläge besitzen.

Noten lernen kinderleicht mit Fridolin, dem Notenhelfer – Bestell-Nr. 12 109

Unter den Noten seht ihr, dass der Viervierteltakt ausgefüllt ist mit den Zählzeiten.

Überprüft nun, ob in der zweiten Reihe der Takt stimmt. Schreibt dazu die Zählzeiten unter die Noten.

In dem dritten, vierten und fünften Beispiel fehlen die Taktangaben sowie die Taktstriche.

Tragt zunächst den Viervierteltakt ein und zieht die Taktstriche, die hier fehlen.

Wenn Ihr genau zählt, werdet ihr auch Fehler finden.

Vielleicht sind zu viele Noten da? Wenn ja, dann streicht die falschen Noten mit einem roten Stift durch. Fehlt eine Note, dann malt dort die Note hin.

1.) Nun füllt in die Notenlinien selbst Noten, so dass der 4/4-Takt richtig ausgefüllt ist.

2.) Tauscht euer Blatt mit dem Nachbarn und lasst ihn die Zählzeiten darunter schreiben. Kontrolliert euch gegenseitig.

Noten lernen kinderleicht

Fridolins Spielidee: **Notenjäger an der Tafel**

Teilt die Klasse in zwei Gruppen auf und stellt euch in zwei Reihen auf. Am Anfang der Reihen stellt ihr 2 Stühle auf. Aus jeder Gruppe setzt sich nun jeweils ein Schüler/in auf den Stuhl.

Der Spielleiter klappt nun die Tafel um, sodass ihr nicht sehen könnt, was an die Tafel gemalt wird. Der Spielleiter setzt nun Noten in Notenlinien ein. Dabei verwendet er wahlweise auch den Violinschlüssel, Viertelnoten, halbe Noten und ganze Noten.

Dann klappt der Spielleiter die Tafel auf. Nur die zwei Schüler, die auf den Stühlen sitzen, dürfen blitzschnell rufen, um welche Note oder welches Notenzeichen es sich handelt.

Für richtige Antworten gibt es Punkte.

Die Notenzeichen dürfen beim Spielen auch mehrfach in den Notenreihen vorkommen. Das übt ihr, um alle Notenzeichen zu erkennen und zu malen.

Das spielt ihr so lange, bis alle Schüler einmal auf dem Stuhl saßen oder die zuvor vereinbarte Zeit abgelaufen ist. Die Gruppe, die die meisten Punkte erreicht hat, hat gewonnen.

Dieses Spiel könnt ihr immer wieder spielen, auch wenn ihr noch mehr Noten und Notenzeichen kennt. Dann wird das Spiel schwieriger, aber auch spannender.

Auch ein Schüler/in kann einmal die Rolle des Spielleiters übernehmen.

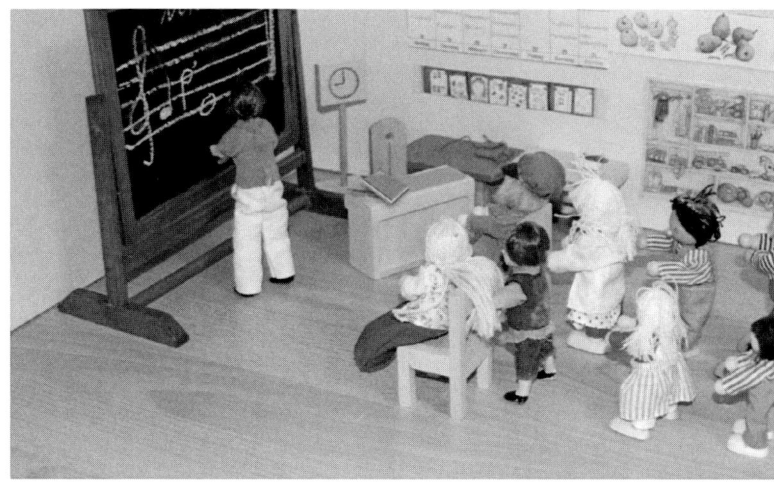

Noten lernen kinderleicht mit Fridolin, dem Notenhelfer – Bestell-Nr. 12 109
KOHL VERLAG

Lektion 7

Zur Abwechslung habt ihr Gelegenheit, das **Fridolinlied** kennenzulernen. Eure Lehrkraft oder ein Mitschüler, der dies kann, kann es mit einer Gitarre oder am Keyboard vorspielen.

Ablauf: Singt alle fünf Zeilen komplett durch und beginnt dann nochmal beim oberen Wiederholungszeichen. Ab hier singt ihr die ersten drei Zeilen bis zum „ENDE“.

Erklärung: Hat das Endzeichen noch zwei Doppelpunkte danach oder davor, wird dazwischen alles nochmal gesungen, also wiederholt. Man nennt diese Zeichen auch **Wiederholungszeichen**.

Ihr seht am Schluss des Liedes einen dicken und einen dünnen Strich. Das ist das **Endzeichen**.

Noten lernen kinderleicht

Lektion 7

Schaut mal, Fridolin hat für euch clevere Kinder schon wieder etwas mitgebracht.

Nun folgt die Punktierte Halbe (Dreier-Note) und die **A-Note**. Die **punktierte Halbe** sieht aus wie eine Halbe Note mit einem Punkt rechts daneben. Man zählt sie 1-2-3.

Das A liegt im zweiten Zwischenraum der Notenreihen.

In dem Notensystem seht ihr in der ersten Reihe die Noten:

C-D-E-F-G und die A-Note.

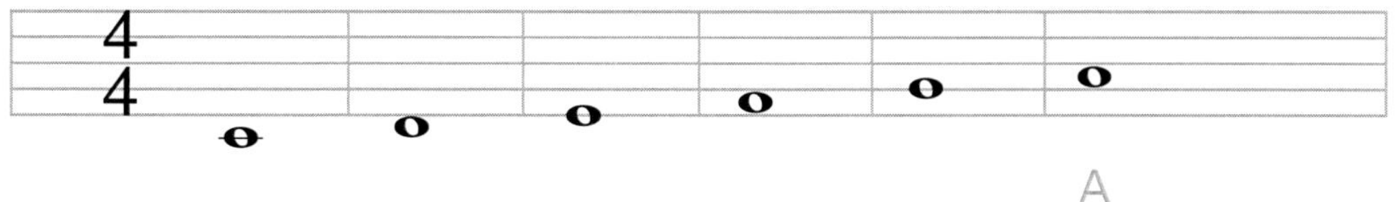

Schreibe die richtigen Notennamen unter die Noten.

KOHL VERLAG Noten lernen kinderleicht mit Fridolin, dem Notenhelfer – Bestell-Nr. 12 109

Lektion 7

Malt nun in die Reihe A als punktierte halbe Noten.

Und nun zeichnet nach den Notennamen (Buchstaben) die Noten als punktierte halbe Noten ein.

A E C A F D D G A

C A E D G G A F G

Hier seht ihr, wie Tonlänge und Noten eingetragen aussehen. Tragt nun selbst die Noten mit den richtigen Tonlängen in den Linien ein. Denkt auch an die Taktstriche, die Taktangabe und den Violinschlüssel.

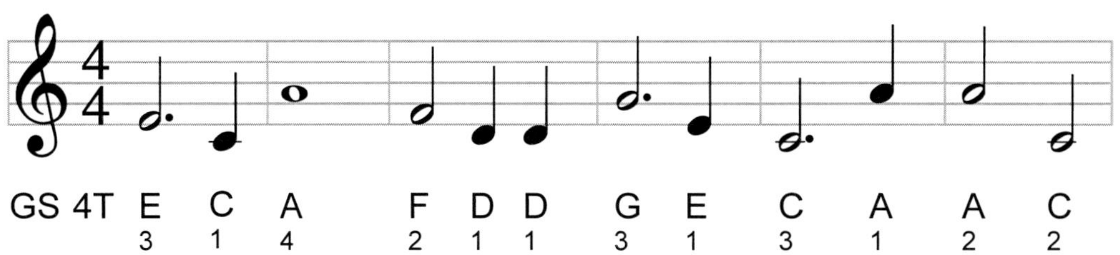

A E G D C F A D G D C A
1 3 2 2 3 1 3 1 4 2 2 4

Kontrolliert euch gegenseitig.

Wie könnt ihr euch das Gelernte merken?
Kommt, wir wiederholen einmal:

Folgende Noten liegen auf einer Linie im Notensystem:

Die **C-Note** ist die leichteste, die man sofort erkennt. Sie liegt auf der **ersten Hilfslinie**.

Das **E** liegt **auf der ersten Linie** im Notensystem.

Das **G** liegt **auf der zweiten Linie** im Notensystem. Zudem wisst Ihr, dass dort der G-Schlüssel die Note G anzeigt. Das kann man sich gut merken.

Folgende Noten liegen im Zwischenraum des Notensystems:

Die Note **D** liegt etwas **über der Hilfslinie**, einem sogenannten unsichtbaren Zwischenraum des Notensystem.

Die Note **F** liegt im **ersten Zwischenraum** des Notensystems.

Die Note **A** liegt im **zweiten Zwischenraum** des Notensystems.

Der Violinschlüssel, auch G-Schlüssel genannt, liegt auch auf der zweiten Linie des Notensystems.

Also merke:

C - D - E - F - G - A

Wenn du die Position des Gs weißt, kannst du notfalls die anderen Noten „abzählen".

Yippie, toll gemacht!

KOHL VERLAG Noten lernen kinderleicht mit Fridolin, dem Notenhelfer – Bestell-Nr. 12 109

Lektion 8

Schaut, was Fridolin in seinen Händen hält. Er zeigt euch die **Note H**, das **Wiederholungszeichen** sowie das **Endzeichen**, das auch Schlussstrich genannt wird.

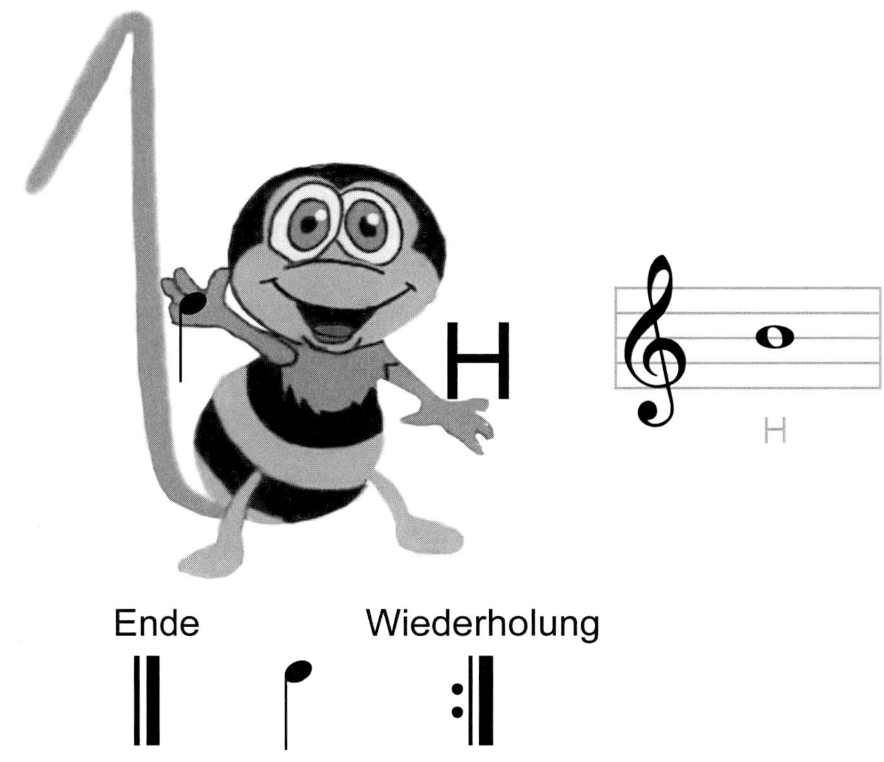

Habt Ihr nun Lust, die Note H besser kennenzulernen? **Ab der Note H wird der Notenhals links nach unten gemalt.** Das H liegt **auf der mittleren Notenlinie**.

Nun seid ihr auch schon fit genug, euch das Wiederholungszeichen und das Schlusszeichen zu merken. Das **Wiederholungszeichen** wird mit **WH** abgekürzt. Das **Endezeichen** oder auch Schlussstrich mit **EZ**.

Lektion 8

Das Wiederholungszeichen kann am Ende einer Notenzeile stehen oder mittendrin. Wozu ist es da? Wie das Wort es schon sagt, wiederholt man wie unten im Beispiel, die ganze Reihe nochmal. Man singt oder spielt die Reihe 2x. Das habt ihr schon bei dem Lied: „Unser Fridolin“ gesehen und auch so gesungen.

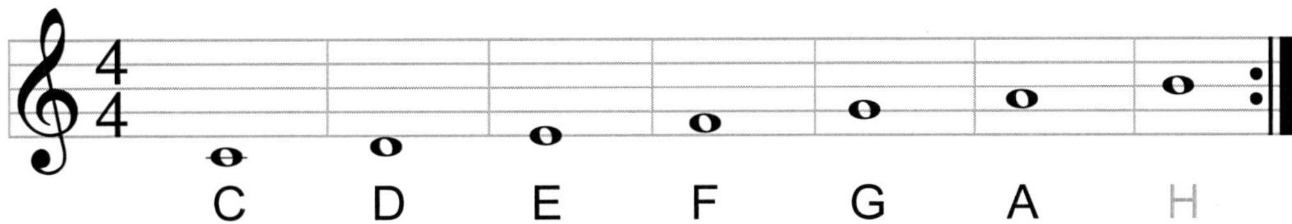

Diese Reihe muss man 2x singen oder spielen durch das Wiederholungszeichen.

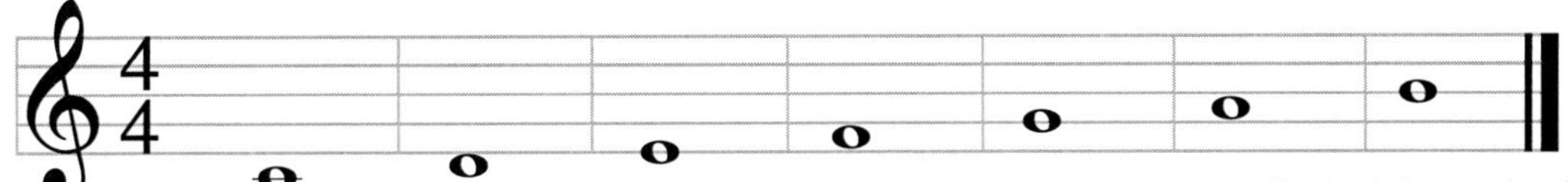

Endzeichen oder Schlussstrich Hier wird nur einmal gespielt.

Tragt in die drei Notenreihen den G-Schlüssel und den 4/4-Takt sowie die Noten und entsprechenden Zeichen ein.

Achtung: Setzt keine Taktstriche!

GS H(3) EZ F(1) E(4) WH G(2) D(3) GS A(1) EZ

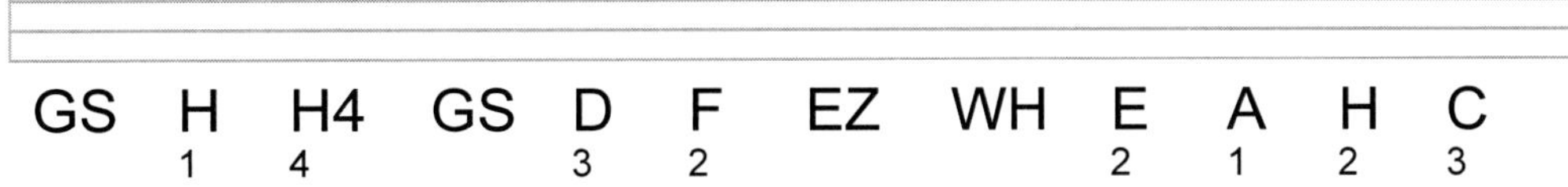

GS H(1) H4(4) GS D(3) F(2) EZ WH E(2) A(1) H(2) C(3)

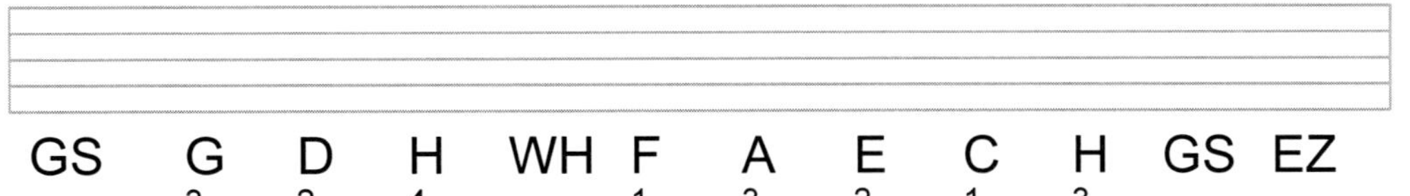

GS G(3) D(2) H(4) WH F(1) A(3) E(2) C(1) H(3) GS EZ

Lektion 8

Weil ihr so fleißig wart, dürft ihr nun das Bild fertigstellen und bunt anmalen.

Verbindet die Punkte nach der Reihenfolge der Noten in der Tonleiter:

C, D, E, F, G, A und H.

Start ist bei dem Herz. Was könnt ihr sehen?

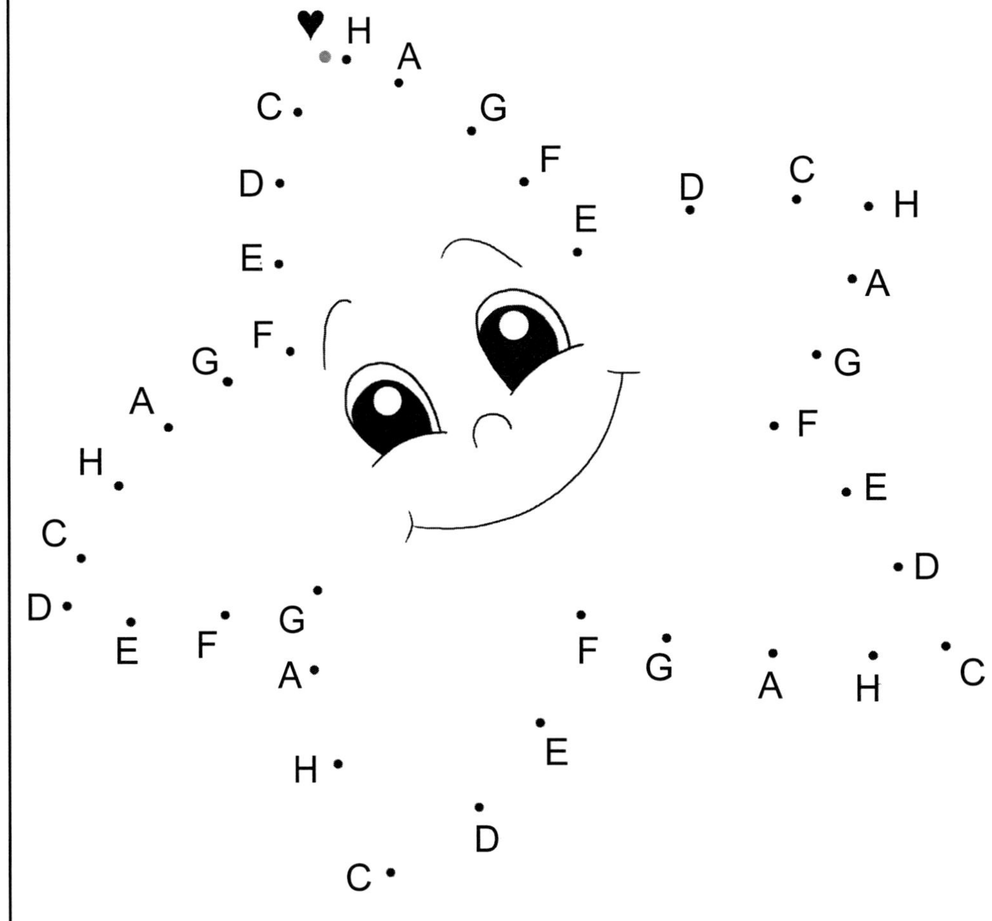

Lösung: ______________________________

Noten lernen kinderleicht mit Fridolin, dem Notenhelfer – Bestell-Nr. 12 109
KOHL VERLAG

Lektion 9

„Ihr seid spitze! So clever, wie ihr seid, kennt ihr vielleicht schon die nächste Note, oder?“

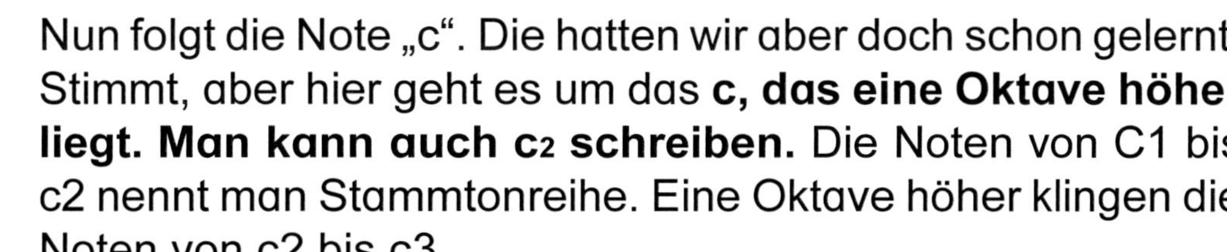
Nun folgt die Note „c“. Die hatten wir aber doch schon gelernt! Stimmt, aber hier geht es um das **c, das eine Oktave höher liegt. Man kann auch c2 schreiben.** Die Noten von C1 bis c2 nennt man Stammtonreihe. Eine Oktave höher klingen die Noten von c2 bis c3.

Die Note c2 nennt man fachmännisch: das **zweigestrichene c**. Durch **zwei kleine Striche neben der Note** oder durch eine kleine 2 neben der Note erkennen wir sofort, dass diese Note oben in die Notenlinien geschrieben wird. Diese Zahlen und Striche schreibt ihr nur an die Buchstaben, niemals in das Notensystem!

Das **c2 liegt im dritten Zwischenraum**.

Jetzt kennt ihr schon die erste Stammtonreihe aus, die auch Tonleiter oder fachmännisch die **erste Oktave** genannt wird.

Die Tonleiter/Oktave besteht aus: C-D-E-F-G-A-H-c2.

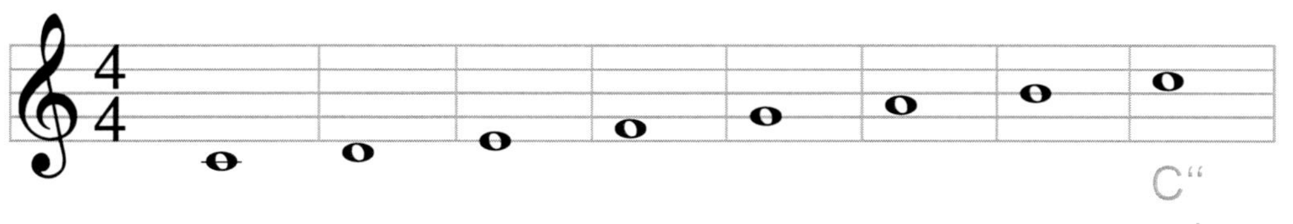

Lektion 9

Nun zeigt Fridolin euch eine Keyboardtastatur. Hier könnt ihr die Abfolge der Tonleiter gut erkennen. Ihr seht auf den Tasten, dass dort der Buchstabe **C** steht und 7 Tasten weiter rechts das c_2.

Wenn Ihr die Tonleiter aufwärts und nach dem C die Note **D** auf einem Tasteninstrument spielen möchtet, tippt man die weiße Taste rechts neben dem **C** an. Das **E** ist wiederum eine Taste rechts neben dem **D** usw.

Aber Achtung: Die Noten sind in der Reihenfolge nur auf Tasteninstrumenten zu finden. Bei Flöten, Gitarren und anderen Instrumenten, die keine Tastatur besitzen, findet man die Töne anders.

Eine Übung dazu für euch: Verbindet die Tonvögel mit der entsprechenden Taste am Keyboard.

D

C_2

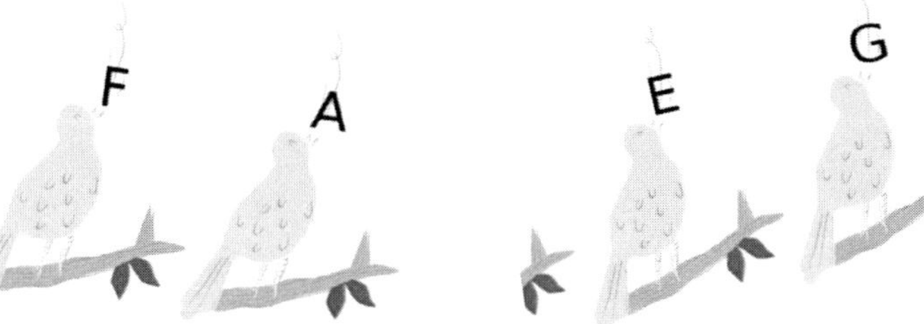

Noten lernen kinderleicht mit Fridolin, dem Notenhelfer – Bestell-Nr. 12 109
KOHL VERLAG

Lektion 9

„Oje Fridolin, was hast du denn gemacht?“

„Hast du nicht aufgepasst?
Nun müssen die Kinder deine
Noten sortieren!

„Au weia!
Nein

Ich weiß auch nicht, was passiert ist.“

„Bitte helft mir und findet meine Fehler!“

Fridolin hat die **Tonleiter/Oktave** durcheinander gebracht. Könnt ihr ihm helfen? Die Noten sollen immer vom ersten **C** zum **c2** in der Abfolge der Tonleiter stehen.
Schaut euch die Notenlinien auf der folgenden Seite genau an und streicht die falschen Noten durch.
Hier siehst du ein Beispiel:

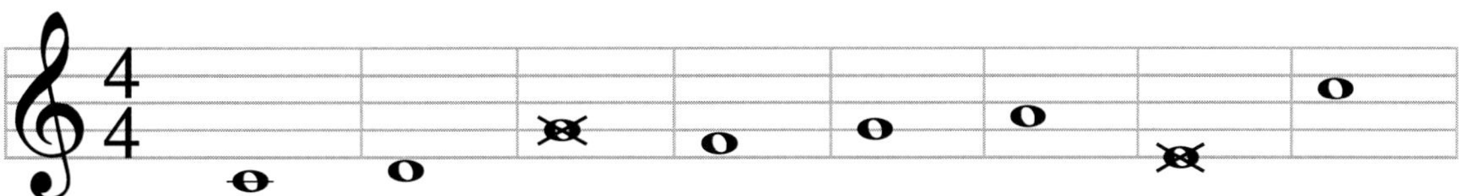

Na, wie viele Fehler hat Fridolin hier gemacht?

Noten lernen kinderleicht mit Fridolin, dem Notenhelfer – Bestell-Nr. 12 109
KOHL VERLAG

Lektion 9

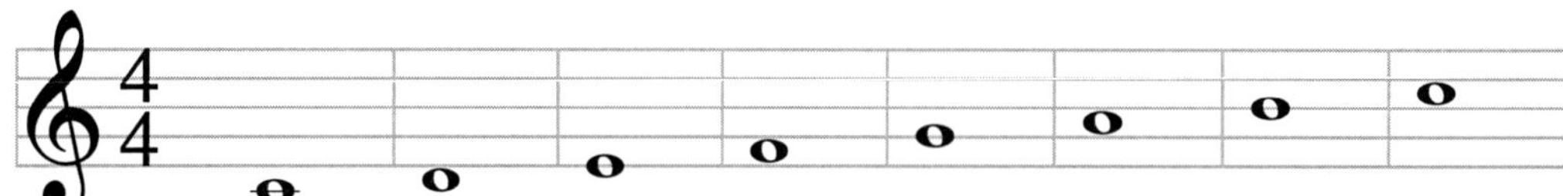

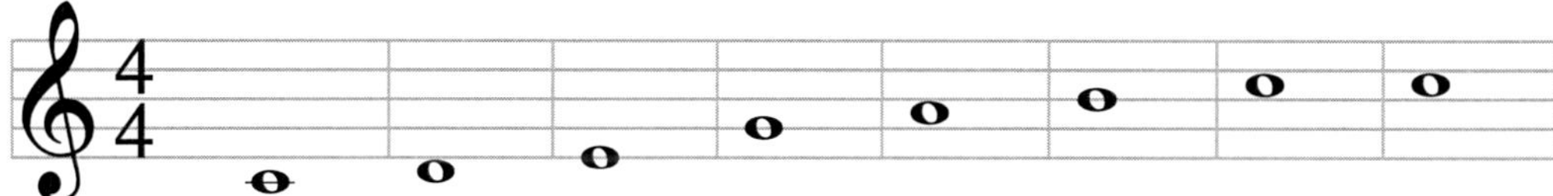

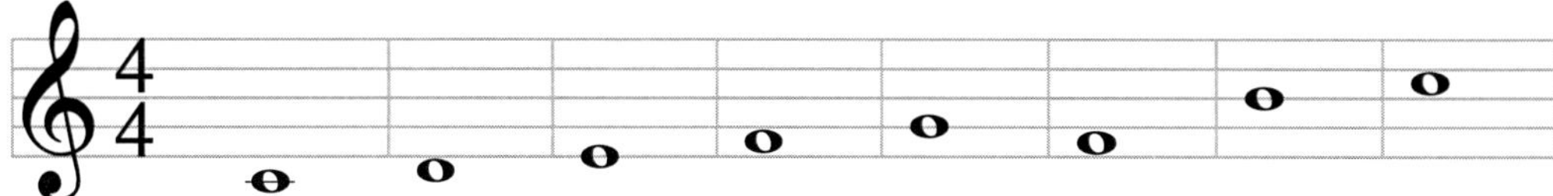

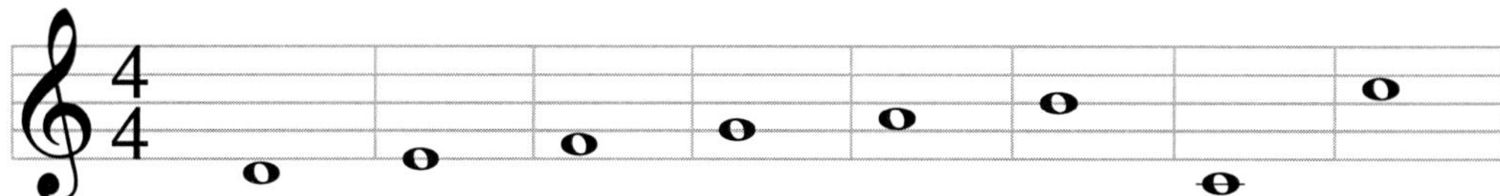

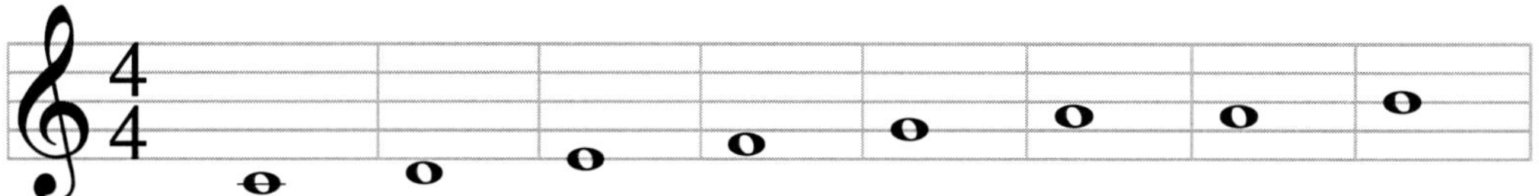

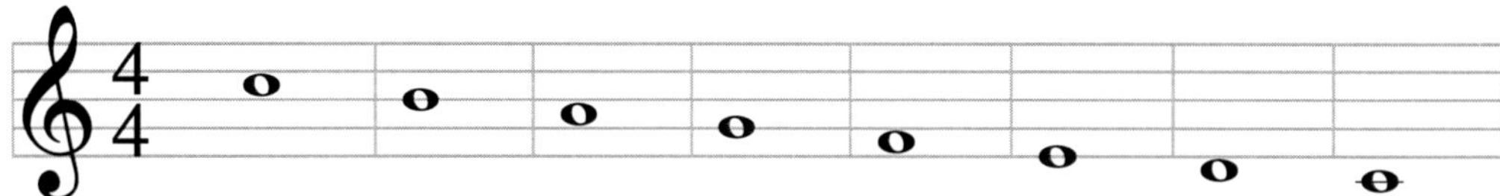

Wie viele Fehler hat Fridolin gemacht? Schreibt die Zahl hier hinein.

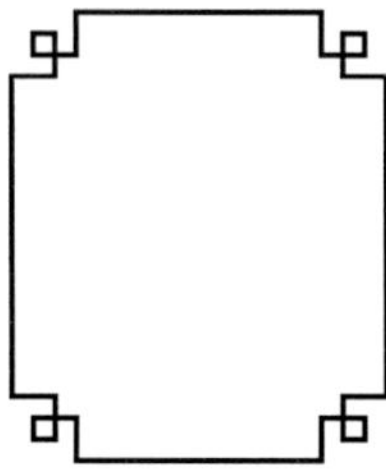

Noten lernen kinderleicht mit Fridolin, dem Notenhelfer – Bestell-Nr. 12 109
KOHL VERLAG

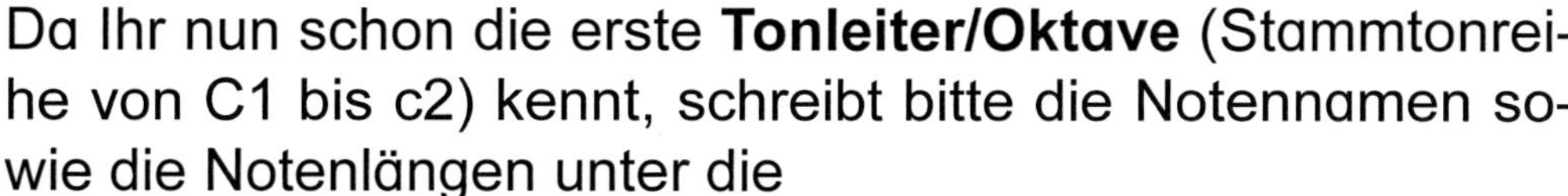

Da Ihr nun schon die erste **Tonleiter/Oktave** (Stammtonreihe von C1 bis c2) kennt, schreibt bitte die Notennamen sowie die Notenlängen unter die **Notensysteme**. Sucht einen Partner, der eure Arbeit kontrolliert.

Tipp: Ihr könnt auch die Blätter in einen Beutel stecken und jeder greift sich ohne hinzusehen eines heraus und kontrolliert dieses. Schreibt aber vorher euren Namen dazu!

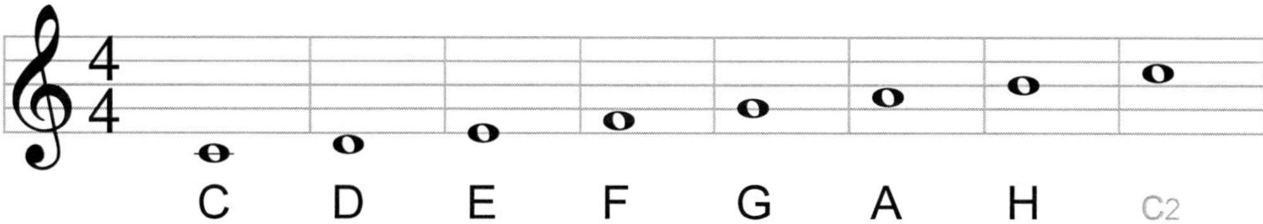

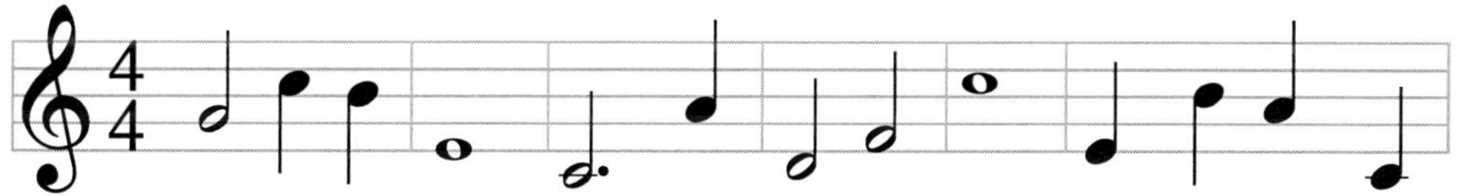

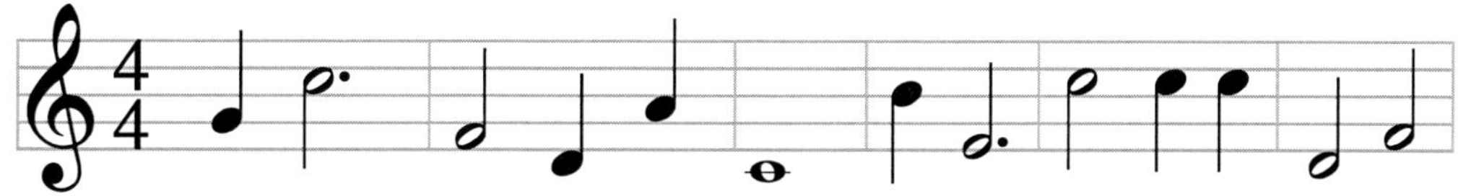

Tragt nun auf der nächsten Seite selbst den Violinschlüssel, den 4/4-Takt und dann Noten mit verschiedenen Längen in die Notenlinien ein.

KOHL VERLAG Noten lernen kinderleicht mit Fridolin, dem Notenhelfer – Bestell-Nr. 12 109

Lektion 9

Jetzt seid ihr dran!

Zeigt Fridolin, was ihr schon könnt.

Tragt nun selbst den Violinschlüssel, den 4/4-Takt und dann Noten von C bis c2 mit verschiedenen Längen in die Notenlinien ein.

KOHL VERLAG Lernen mit Erfolg

Lektion 9

Weil ihr so fleißig wart, dürft ihr nun das Bild fertigstellen und bunt anmalen.

Ihr müsst die Buchstaben nach ihrer Reihenfolge in der Tonleiter von unten nach oben verbinden. Beginnt beim Herz.
Na, was könnt ihr sehen?

Lösung: ____

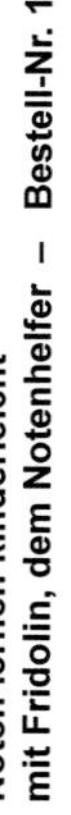

Fridolin zeigt euch noch etwas zum **Rhythmus/Takt**, nämlich den **3/4- Takt**.

Ihr habt bereits gelernt, wie der 4/4-Takt geschrieben wird und wie viele Schläge er besitzt.

Der **3/4- Takt** trägt oben die Zahl **3**. Man zählt den Takt somit bis **3 Schläge**, also **1-2-3**.

Der 3/4 Takt ist bekannt als der Walzertakt.

Auch in diesem Takt dürfen nicht mehr als **3** Schläge pro Takt vorkommen. Eine **Ganze Note** kann also nicht im **3/4- Takt** vorkommen, oder?

Üben wir nun den 3/4- Takt. Die erste Reihe ist richtig.

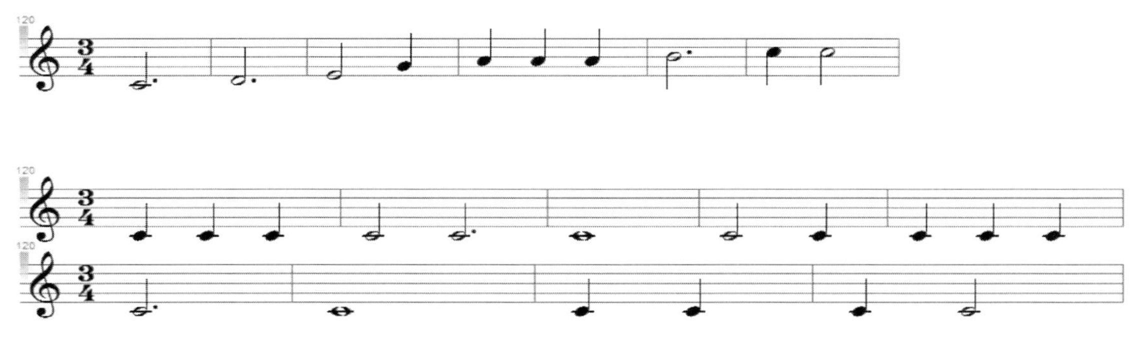

Schaut euch die beiden unteren Reihen an. Was stimmt dort nicht? Streicht die Fehler an.

Noten lernen kinderleicht mit Fridolin, dem Notenhelfer – Bestell-Nr. 12 109
KOHL VERLAG

Lektion 10

Fridolins Notenspiel

Mit wenigen Dingen könnt ihr euch selbst ein lustiges Notenspiel basteln.

<u>Ihr braucht dafür</u>:

ein großes Stück Pappe (ca. 60 x 50 cm groß) Resttapete, Kleber, Bastelschere, ein langes Lineal, einen dicken schwarzen Filzstift, einen Bleistift, Buchstaben zum Aufkleben, 1 Würfel, ein kleines Glas oder einen Becher als Kreisschablone, weißes oder farbiges dickeres Papier.

Bastelanleitung:

Schneidet die Pappe zu einem Spielbrett in der Größe 60x50cm zurecht. Klebt darum die Resttapette.

Mit Hilfe des Lineals zieht ihr nun 5 gerade Notenlinien auf dem Spielbrett. Vorne tragt ihr den Violinschlüssel ein.

Als Spielplättchen braucht ihr 40 Kreise aus Papier, die in die Zwischenräume der Notenlinien passen sollen. Sucht euch eine dazu passende Kreisschablone, z.B. einen Eierbecher oder einen Flaschendeckel.

Noten lernen kinderleicht mit Fridolin, dem Notenhelfer – Bestell-Nr. 12 109

Lektion 10

Die 40 Kreise zeichnet ihr mit Bleistift vor und schneidet sie aus. Nun beschriftet ihr je 5 Plättchen mit:

C - D - E - F - G - A - H - c2.

Nehmt dann den Würfel und überklebt die Augen mit den Buchstaben, die ihr auch für die Plättchen verwendet habt. Damit alle Platz finden, klebt ihr A und H auf ein gemeinsames Feld. c2 könnt ihr zu C kleben oder weglassen.

Zum Schluss könnt ihr kreativ sein: Verschönert den Rand des Spielfeldes mit bunten Fridolins, Noten oder Mustern.

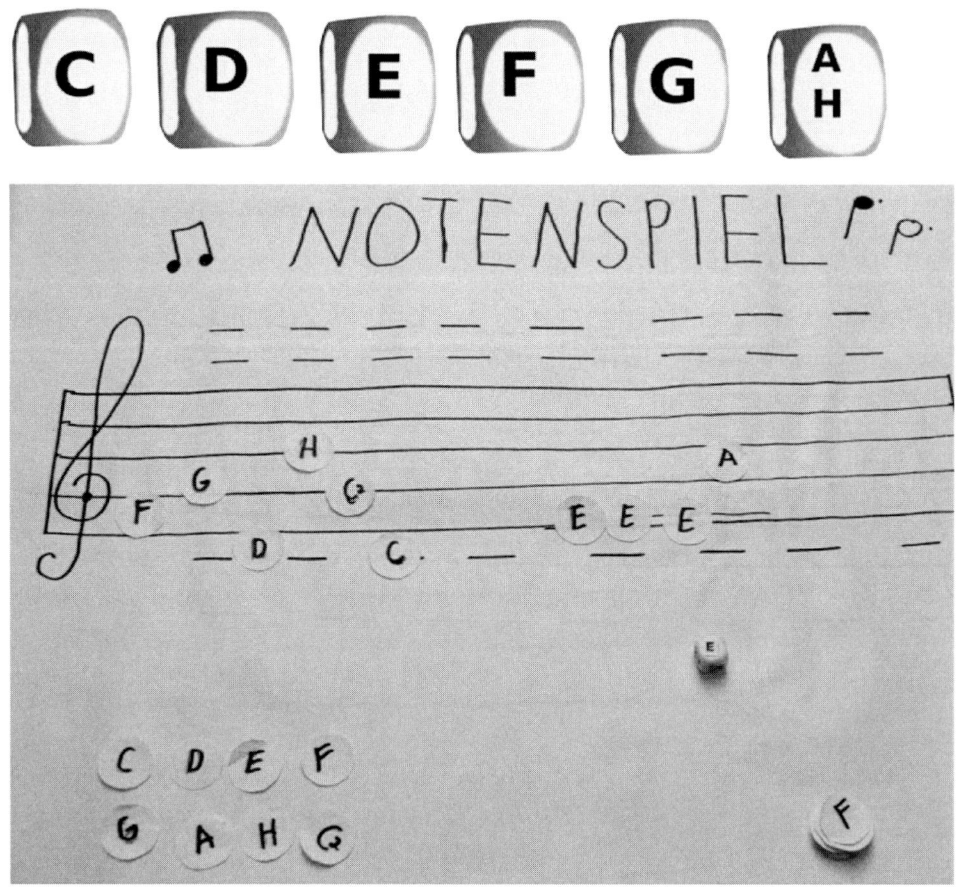

Das Spiel ist ein Gruppenspiel für bis zu 4 Personen.

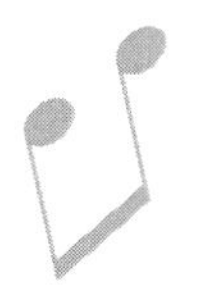

Lektion 10

Wie wird gespielt?

Legt die Kreise verdeckt auf den Tisch und mischt sie durcheinander. Jeder Spieler nimmt sich nun 10 Notenkreise. Legt dann die Notenkreise so vor euch, dass ihr die Noten jeweils richtig sehen könnt. Nicht jeder Spieler hat nun alle Notennamen der Tonleiter (C, D, E, F, G, A, H...) oder einige von euch haben welche doppelt.

Der Jüngste Spieler beginnt.

Der Beginner würfelt nun mit dem beklebten Würfel. Steht da das G auf dem Würfel und er hat den Notenkreis G, legt er ihn auf die Notenlinien des Brettes. Legt immer möglichst platzsparend ab. Dann ist der Spieler rechts vom Beginner am Zug.

Würfelt man einen Notennamen, den man dann nicht hat, geht der Würfel weiter an den nächsten Spieler.

A oder H?

Wenn ihr diese 2 Notennamen würfelt und beide Noten habt, dürft ihr euch aussuchen, welchen Notenkreis ihr auslegen möchtet.

Wer zuerst alle seine Noten ausgelegt hat, hat gewonnen. Die anderen Spieler dürfen weiter spielen, bis das Brett voller Noten ist. Nach Spielende könnt ihr am Keyboard oder Glockenspiel die Noten vorspielen, die ihr zufällig gelegt habt. Oft kommt dabei eine lustige Melodie heraus.

Am Anfang legt nur vom C – c_2 aus. Wenn ihr später alle Noten kennt, dann legt auch in der zweiten Oktave die Noten aus. Zudem könnt ihr auf den runden Kreisen auch die Pausezeichen, Wiederholungszeichen und das Endezeichen malen.

Viel Spaß!

Noten lernen kinderleicht mit Fridolin, dem Notenhelfer – Bestell-Nr. 12 109

Lektion 11

Fridolin hat noch etwas Wichtiges für euch im Gepäck, nämlich die **Pausezeichen:**

Es gibt verschiedene Pausezeichen. Wir beginnen mit der **Viertelpause**. Sie ist genauso lang wie **eine Viertelnote**, nämlich **1 Schlag lang**. Die Länge der Pause wird **Pausenwert** genannt.

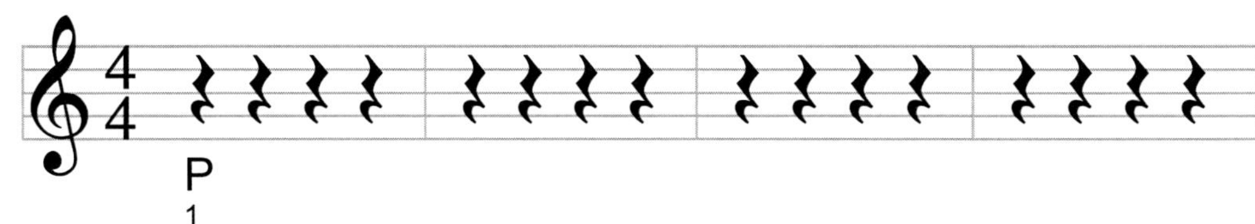

Wie das Wort es schon sagt, wird **für die Länge der Pause weder gesungen oder einen Ton am Instrument gespielt.** Man setzt bei der Viertelpause also für einen Schlag aus.

Die **Viertelpause** wird mit **P1** abgekürzt.

Malt nun selbst **Viertelpausen** unten in die **Notenlinien**. Ganz genau abmalen ist schwierig. Ihr dürft deshalb einfach Schlangen malen, aber bleibt in den Notenlinien und malt nicht über oder unter die Linien. Auch wenn sie noch etwas anders aussehen, erkennt jeder, dass es sich um die **Viertelpause** handelt.

KOHL VERLAG Noten lernen kinderleicht mit Fridolin, dem Notenhelfer – Bestell-Nr. 12 109

Lektion 11

Die Viertelpause hat einen Pausenwert von einem Schlag. Somit brauchen wir 4 Viertelpausen, um einen 4/4-Takt auszufüllen, denn 4x1 = 4.

Übt nun in den leeren Notenlinien, die Takte richtig zu füllen. Verwendet Noten und Notenwerte, die ihr kennt und denkt auch an die Viertelpausen. Vergesst die Taktstriche nicht!

Falls ihr dürft, könnt ihr auch die Viertelpausen an die Tafel oder mit Kreide auf den Schulhof zeichnen.

KOHL VERLAG Noten lernen kinderleicht mit Fridolin, dem Notenhelfer – Bestell-Nr. 12 109

Lektion 11

Es folgt eine **Ganze Pause**. Sie hat einen **Pausenwert von 4 Schlägen**, also singt oder spielt man 4 Schläge lang nicht.

Die **Ganze Pause hängt wie ein Balken an der vierten Notenlinie.** Sie darf die dritte Linie nicht berühren.

Sie wird beim Schreiben **mit P_4 abgekürzt**. Die Zahl 4 schreibt ihr unter das P.

Da die Ganze Pause schon vier Schläge lang ist, braucht ihr nur eine Pause, um den 4/4 Takt auszufüllen. Rechne nach: 1 x 4 Schläge = 4, damit ist der Takt gefüllt.

Schreibt nun die Abkürzung unter die Pausenzeichen.

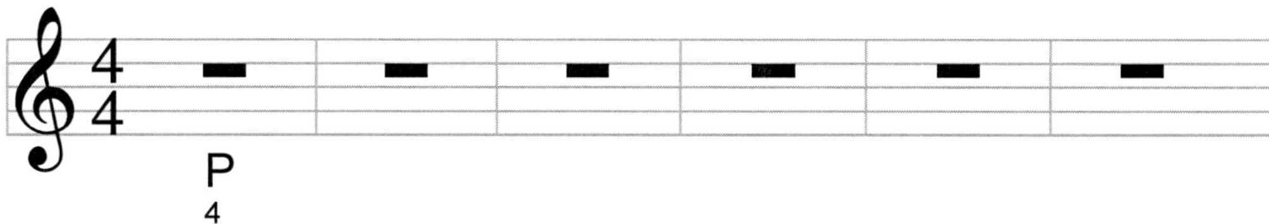

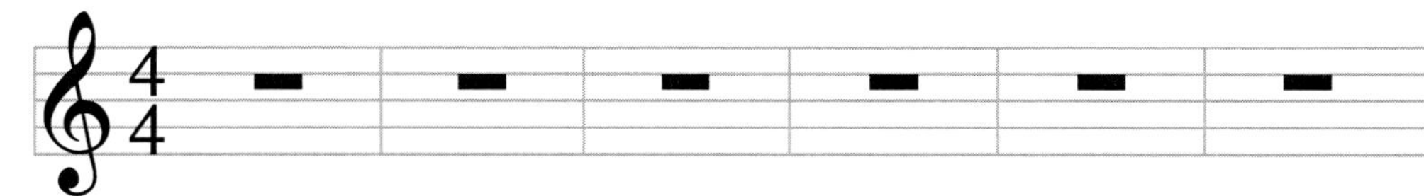

In diese Reihen tragt ihr nun selbst passende Takte ein und zieht die Taktstriche. Verwendet auch die anderen Pausenzeichen, die ihr schon kennt.

Noten lernen kinderleicht mit Fridolin, dem Notenhelfer – Bestell-Nr. 12 109
KOHL VERLAG

Lektion 11

Schaut genau, hier kommt die **Halbe Pause.**

Diese Pause sieht auf den ersten Blick aus wie die Ganze Pause, aber sie **steht wie ein Balken auf der dritten Notenlinie** und darf die Linie darüber nicht berühren. Da müsst ihr gut aufpassen!

Halbe Pause

Die Halbe Pause hat einen Pausenwert von 2 Schlägen und wird mit P2 abgekürzt.

Tragt unter die Zeichen die Pausenwerte ein bzw. zeichnet die Pause ein.

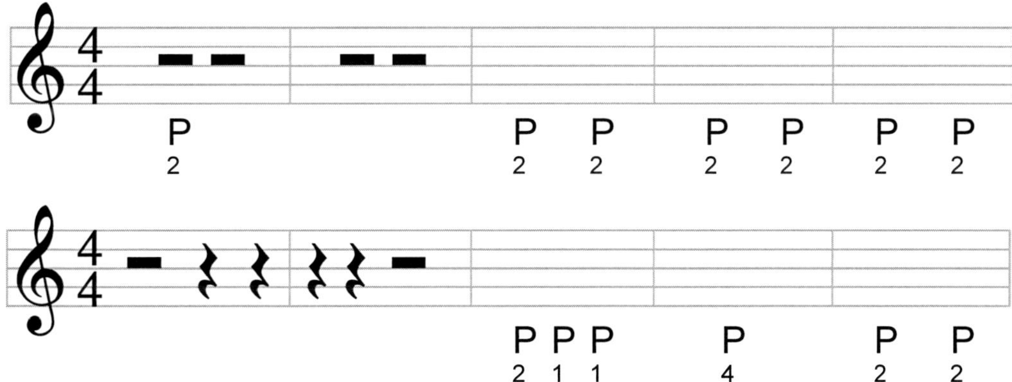

Hier dürft ihr kreativ sein:

Füllt selbst Takte mit passenden Noten und Pausen. Vielleicht könnt ihr eure Komposition mit dem Klavier oder Glockenspiel nachspielen?

Noten lernen kinderleicht mit Fridolin, dem Notenhelfer – Bestell-Nr. 12 109
KOHL VERLAG

Ihr könnt es euch vielleicht schon denken: Es gibt tatsächlich auch die **punktierte halbe Pause**. Ihr **Pausenwert ist 3 Schläge** lang und sie wird **mit P3 abgekürzt**.

Die punktierte halbe Pause sieht aus wie die Halbe Pause mit einem Punkt rechts daneben.

Du wirst die punktierte halbe Note aber fast in keinem Noten- oder Liederbuch sehen. Man ersetzt sie durch eine **Halbe Pause** und eine **Viertelpause**.

In diese Notenlinien könnt ihr selbst die punktierte halbe Pause eintragen.

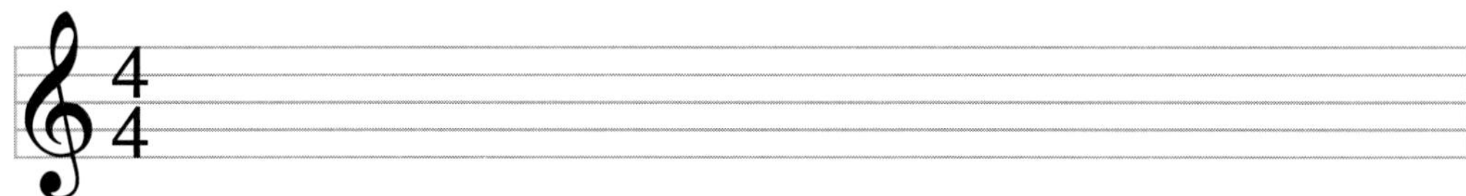

Fridolin zeigt euch jetzt Notenreihen mit verschiedenen Pausen. Ihr schreibt das P und die entsprechende Pausenlänge dazu.

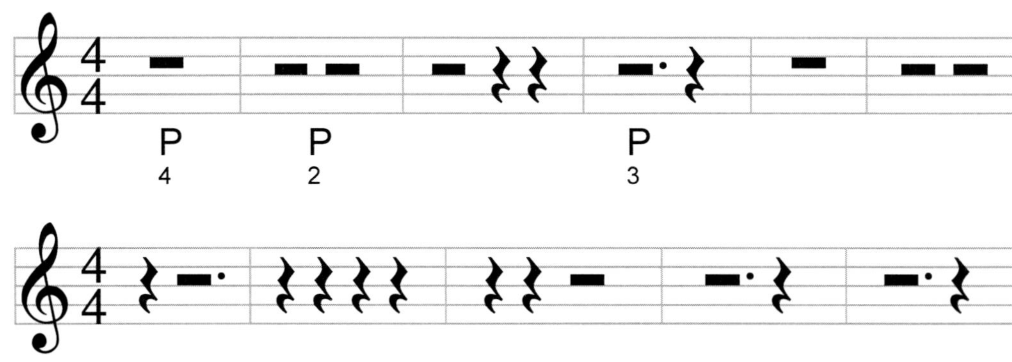

Noten lernen kinderleicht mit Fridolin, dem Notenhelfer – Bestell-Nr. 12 109
KOHL VERLAG

Lektion 11

Mittlerweile kennt ihr schon viele Noten und Pausen, aber auch den 3/4- und 4/4-Takt. Hier habt ihr Platz um das Gelernte zu wiederholen. Füllt selbst die Linien. Achtet dabei aber auf die Taktlänge!

Achtung: Im 3/4 **Takt** bleibt die ganze Pause gleich, weil sie immer einen ganzen Takt ausfüllt. Sie ist dann 3 Schläge lang. So ersetzt sie im 3/4-Takt die punktierte halbe Pause.

Lektion 11

Nun einmal umgekehrt, schafft ihr das?

Welchen Takt haben wir hier? Tragt jeweils den Takt vorne ein.

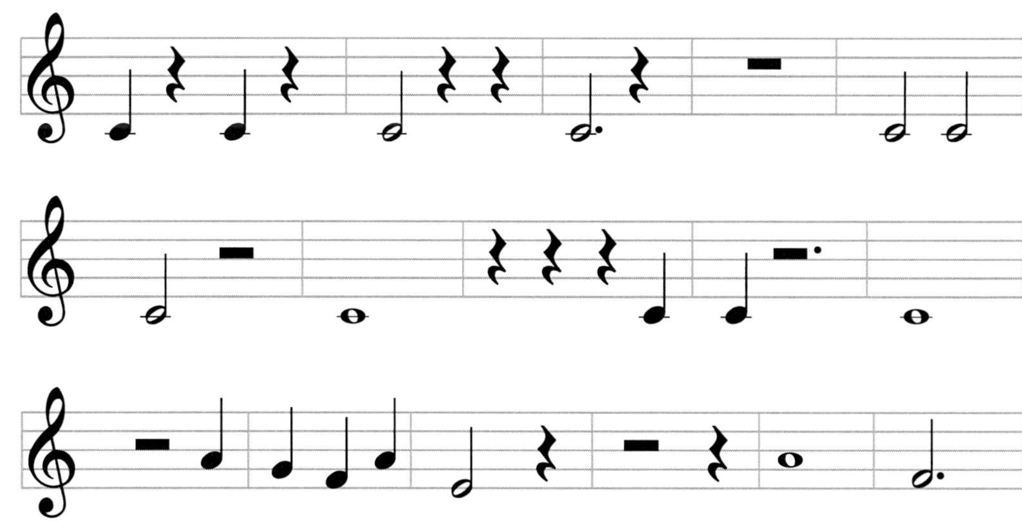

Welchen Takt haben wir hier? Tragt jeweils den Takt vorne ein und vervollständigt die fehlenden Takte.

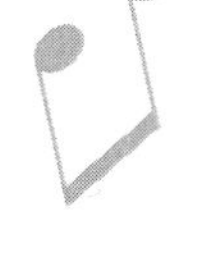

Noten lernen kinderleicht mit Fridolin, dem Notenhelfer – Bestell-Nr. 12 109
KOHL VERLAG

Lektion 12

Nun kommen wir zu einer neuen Notenlänge. Schaut, was Fridolin euch zeigt.

Fridolin zeigt euch eine Viertelnote mit einem Punkt daneben. Diese Note nennt man **punktierte Viertelnote.**

Sie wird mit **1u benannt**, weil sie mit **1 und gezählt** wird. Um auf 3 Schläge zu kommen, brauchen wir 2 punktierte Viertelnoten.

Der Notenhals zeigt wie bei den anderen Notenwerten je nach Note nach unten oder oben.

Noten lernen kinderleicht mit Fridolin, dem Notenhelfer – Bestell-Nr. 12 109
KOHL VERLAG

Lektion 12

Schaut euch diese Notensysteme einmal an. Zählt nach, ob die Takte richtig gefüllt sind und schreibt die Noten- und Pausenwerte dazu.

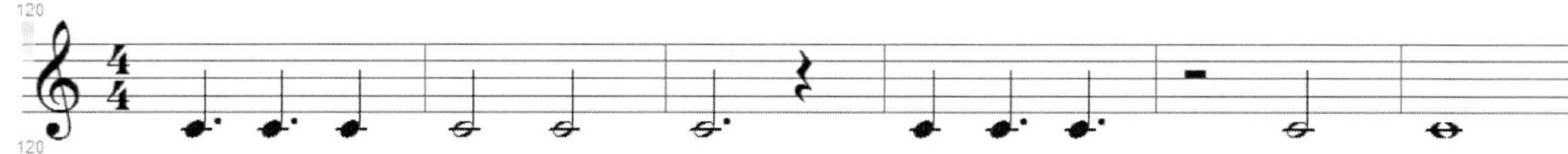

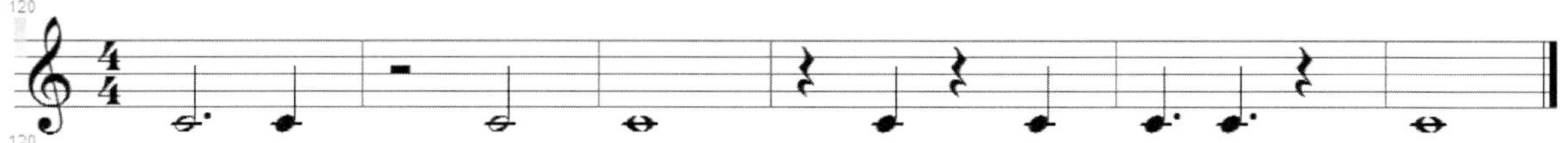

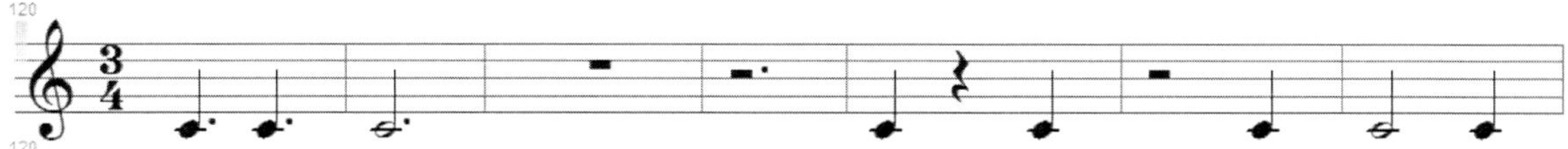

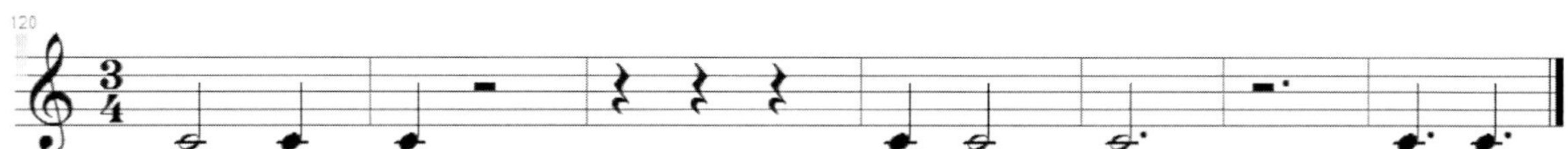

Übt nun, die punktierte Viertelnote einzutragen. Die Notennamen (Buchstaben) sagen euch, welche Tonhöhe ihr eintragen sollt.

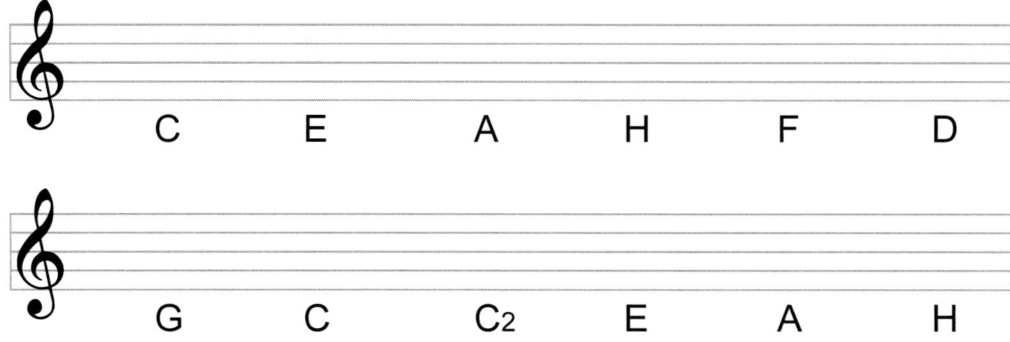

Noten lernen kinderleicht mit Fridolin, dem Notenhelfer – Bestell-Nr. 12 109
KOHL VERLAG

Lektion 12

Nun folgt ein lustiges Lied. Viel Spaß beim Singen.

Bei dem Lied könnt ihr auch Wiederholungszeichen und Endzeichen sehen.
Die Buchstaben über den Notenlinien sind für die Begleitung z. B. mit dem Klavier oder der Gitarre wichtig. Sie sagen, welche Akkorde (Das sind meist drei Töne gleichzeitig.) gespielt werden sollen.
Nach dem Violinschlüssel seht ihr ein b als Vorzeichen. Es sagt uns, das aus dem H immer ein B wird.
Das alles braucht ihr aber noch nicht zu beachten.

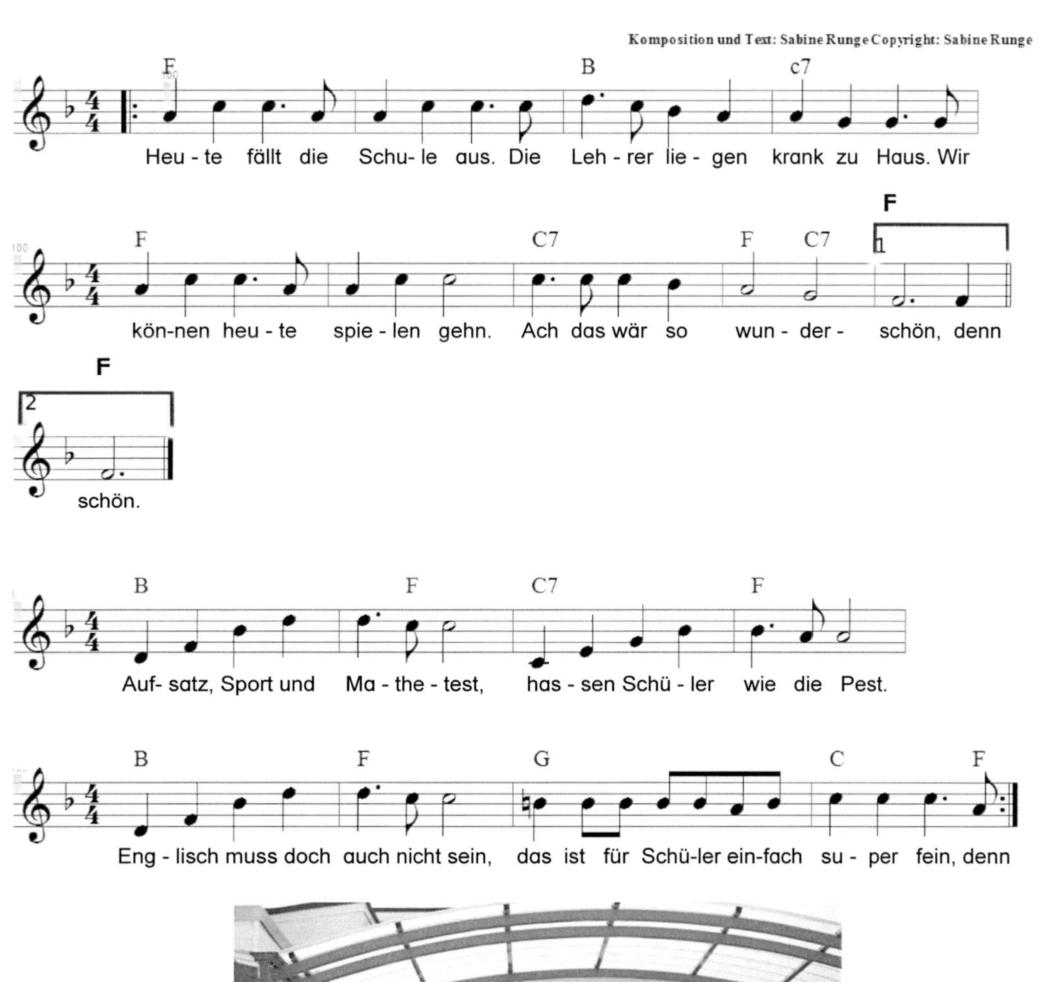

Lektion 13

Fridolin hat wieder einen neuen Notenwert für euch.

Das sind **Achtelnoten (1/8)**. Sie werden schnell **mit dem Wort „und" gezählt**.

Die Achtelnoten können einzeln oder in Paaren zu sehen sein. Eine **Achtelnote ist halb so lang wie eine Viertelnote**. Also braucht man **2 Achtelnoten, um auf einen Schlag zu kommen.**

Um einen **4/4-Takt** ganz auszufüllen, brauchen wir **8 Achtelnoten** und man zählt sie so: **„1 und 2 und 3 und 4 und"** – abgekürzt: **„1 u 2 u 3 u 4 u"**.

Mit der Achtelnote ist es so: Eine punktierte Viertelnote plus eine Achtelnote ergeben 2 Schläge.

Im **3/4 Takt** braucht man **6 Achtelnoten** um den Takt ganz auszufüllen.

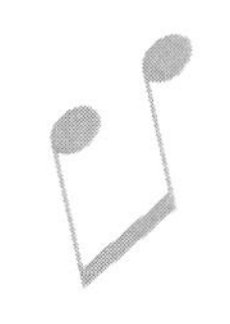

Noten lernen kinderleicht mit Fridolin, dem Notenhelfer – Bestell-Nr. 12 109
KOHL VERLAG

Lektion 13

Schaut euch an, was hier im Notensystem steht und schreibt die Zählzeiten unter die Notenlinien. Achtet auf die unterschiedlichen Taktarten.

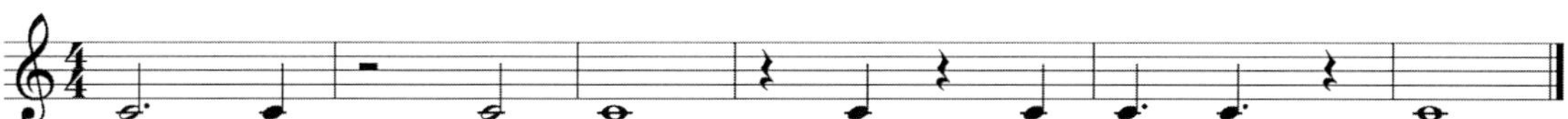

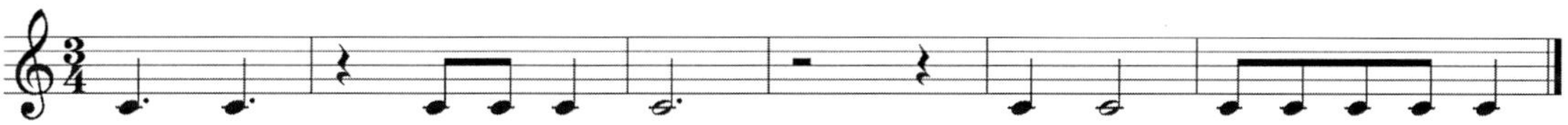

Nun malt selbst die Noten und Pausen im 4/4 Takt und zieht die Taktstriche.

GS	4T	E	H	P	C2	P	A	P	G	P	D	P	F	P	EZ
		3	2/8 Paar	4	2	2	1u	1	1/8	1	1u	1	1/8	1	

GS	4T	C	C2	D	P	H	WH	P	P	G	C	P	EZ
		4	3	2/8	3	1	schließend	2	2	1u	1u	1	

Noten lernen kinderleicht mit Fridolin, dem Notenhelfer – Bestell-Nr. 12 109
KOHL VERLAG

Lektion 13

Tragt hier die passenden Zeichen im 3/4- Takt ein und zieht die Taktstriche.

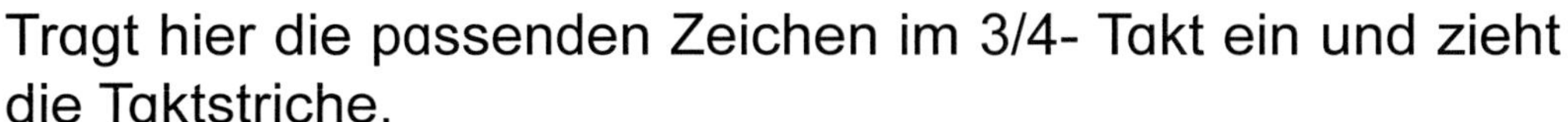

GS	3/4T	D	A	F	c2	H	P	F	E	D	EZ
		3	1u	1u	1	2	3	6 Achtel	4/8	2/8	

GS	3/4T	A	P	C	H	P	c2	E	P	H	G	EZ
		2	1	2	1	3	1u	1u	2	1	6/8	

Spielt nun noch einmal das Notenjägerspiel an der Tafel, das ihr schon kennt. Ihr könnt aber schon die schwierigere Variante spielen. Dabei zeichnet der Spielleiter eine Note an die Tafel und fragt nach, welche Note direkt über oder unter der gezeichneten liegt.

Im weiteren Spiel können dann alle Zeichen, die ihr gelernt habt, verwendet werden.

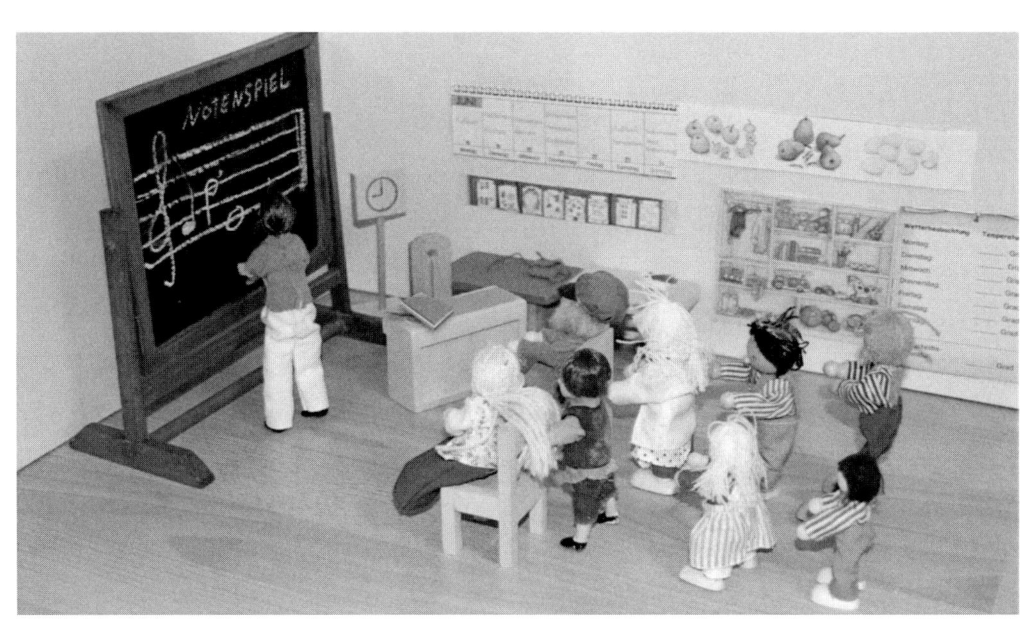

Lektion 14

Fridolin zeigt euch die
Haltebögen.

Der Haltebogen verbindet mehrere Noten zu einer Notenlänge. Hat man beispielsweise eine Viertelnote und eine halbe Note, zählt der Haltebogen die beiden zusammen zu einer Notenlänge/einem Notenwert von 3 Schlägen.

Meistens verläuft der Haltebogen am Ende eines Taktes und zieht sich zum nächsten Takt rüber. Aber es gibt auch Haltebögen im Takt.

Im ersten Takt seht ihr eine Viertelnote und eine halbe Note. Zusammen ergeben die Noten 3 Schläge.

Hier wäre es einfacher eine punktierte halbe Note zu schreiben. Die anderen Haltebögen laufen alle über den Taktstrich zum nächsten Takt hin. Hier gibt es nur die Möglichkeit die Noten mit dem Haltebogen zu verbinden.

Ab der Note H schreibt man den Haltebogen oben über die Noten, ansonsten darunter.

Wir arbeiten erst einmal nur mit **C-Noten**. Schreibt unter die Haltebögen die Gesamtzahl der Schläge.

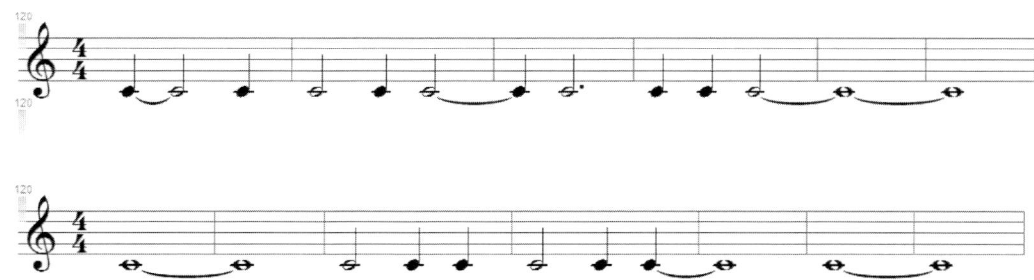

Verbindet der Haltebogen unterschiedliche Tonhöhen, werden diese verbunden. Bei der Flöte oder beim Singen wird also nicht abgesetzt oder dazwischen Luft geholt, sondern direkt weitergespielt und gesungen.

Noten lernen kinderleicht mit Fridolin, dem Notenhelfer – Bestell-Nr. 12 109

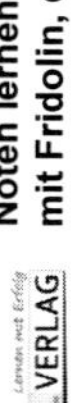

Lektion 14

Übertragt die Noten der vorherigen Seite nun in diese Notenlinien. Ändert dabei alles auf den Ton H. Die Notenwerte sollen gleich bleiben, ebenso die Haltebögen.

In diese Reihen dürft ihr eigene Notenfolgen eintragen und Haltebögen verwenden. Vielleicht könnt ihr eure Ideen gemeinsam singen und zählen.

Lektion 15

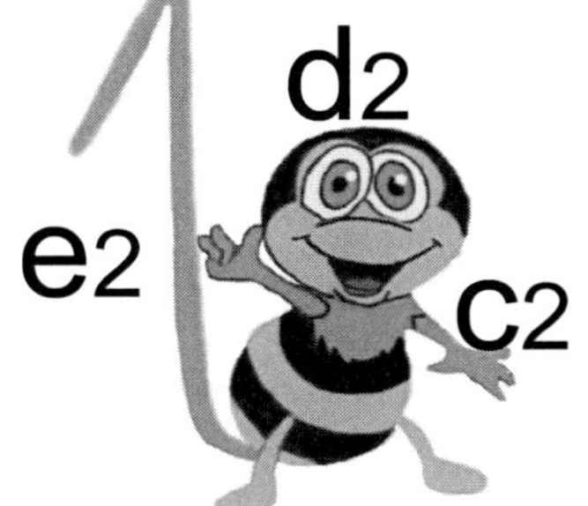

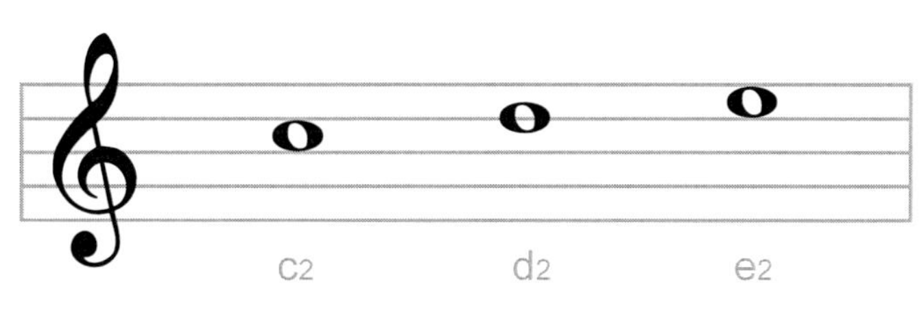

Nun klettern die Noten weiter hoch und Fridolin zeigt euch die Noten **d2** und **e2**.

Im Grunde entsprechen sie den Noten, die ihr gelernt habt, nur eben in der **zweiten Oktave**.

c2, **d2** und **e2** sind die ersten Noten der zweiten Oktave.

Schreibt die Notennamen und die Notenlängen unter die Noten.

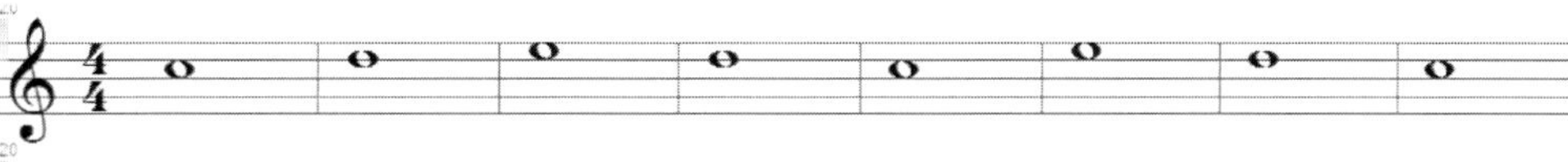

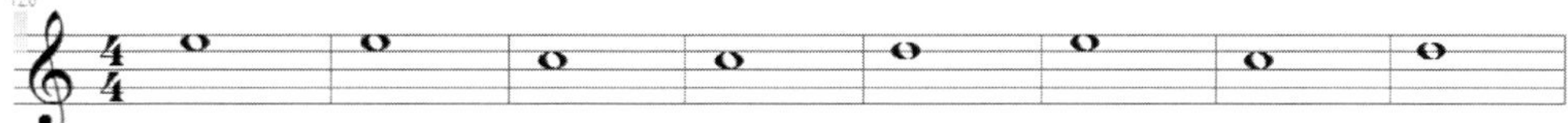

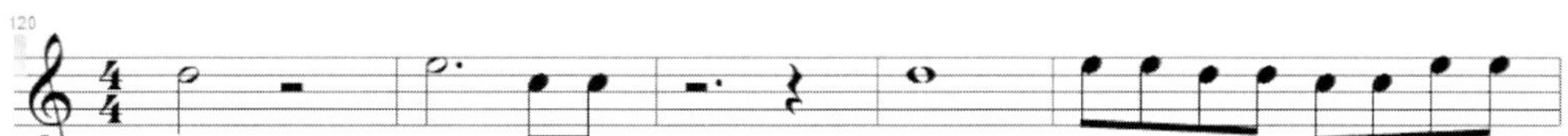

Achtung nun im 3/4 Takt.

Noten lernen kinderleicht mit Fridolin, dem Notenhelfer – Bestell-Nr. 12 109
KOHL VERLAG

Lektion 15

Diese Notenlinien dürft ihr nun selbst füllen. Wählt den 4/4- oder 3/4-Takt und verwendet für die ersten drei Reihen nur **c**2, **d**2 und **e**2. Danach dürft ihr alle Zeichen verwenden, die ihr kennt.

Noten lernen kinderleicht mit Fridolin, dem Notenhelfer – Bestell-Nr. 12 109
KOHL VERLAG

Lektion 15

Ein Worträtsel für kluge Köpfe

Man kann tatsächlich mit Noten auch Wörter schreiben. Allerdings nicht alle, da es für uns nur diese Buchstaben gibt: C, D, E, F, G, A, H.

1 2 3 4 5 6 7

4			1	7
	I	S		

	3			3	
R		N	N		N

	5	3	
I			L

2		6	1	7	3	
	R					N

		5	3	
O	R			L

	6	1	7	3	
L					N

		2		6		3	
I	N		I		N		R

	6	5	3	
N				L

Unter den Noten stehen Zahlen.

Tragt die Buchstaben der Notennamen nun in die Kästchen ein.

Nehmt dann immer den ersten Buchstaben der Lösung und tragt ihn unten in die Kästchen des Lösungswortes ein. Na, was kommt dabei heraus?

Ihr könnt euch auch selbst Wörter ausdenken und ein eigenes Rätsel erfinden.

Lösungswort:

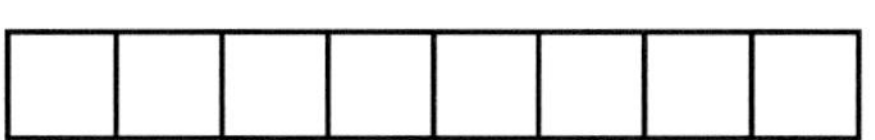

Noten lernen kinderleicht mit Fridolin, dem Notenhelfer – Bestell-Nr. 12 109
KOHL VERLAG

Lektion 16

Nun folgt die **Note f_2.**

Das f_2 liegt auf der oberen Linie des Notensystems.
Auch das f_2 kann verschiedene Notenlängen haben.

Fülle nun zunächst die erste Reihe mit f_2 auf.

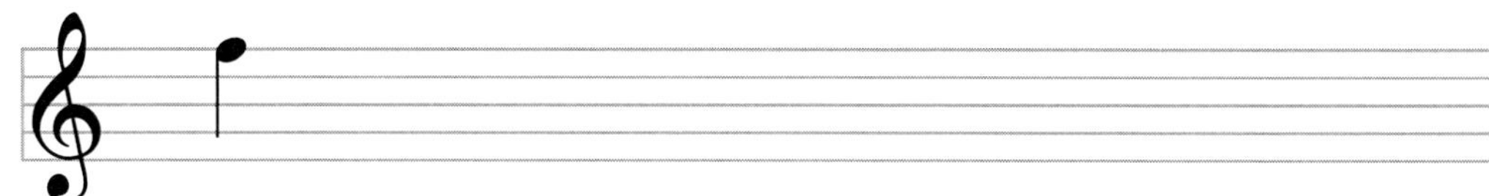

Schreibe unter die f_2 die Zahl der Schläge und ziehe passende Taktstriche.

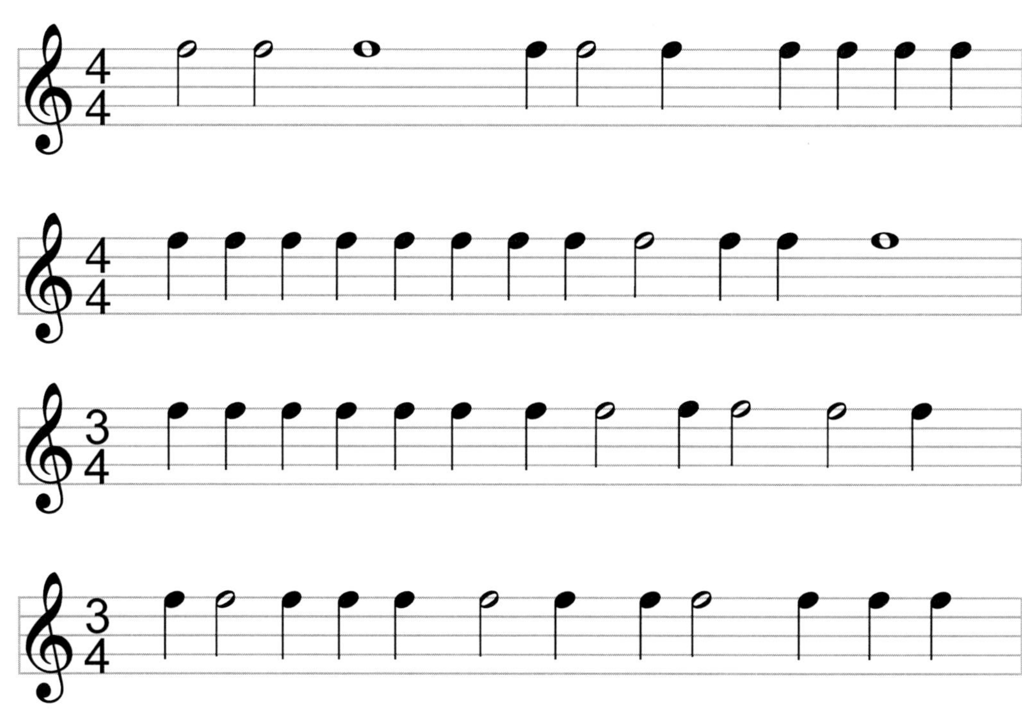

Hier fehlt etwas. Zeichne in jeden Takt ein f_2 in passendem Notenwert ein.

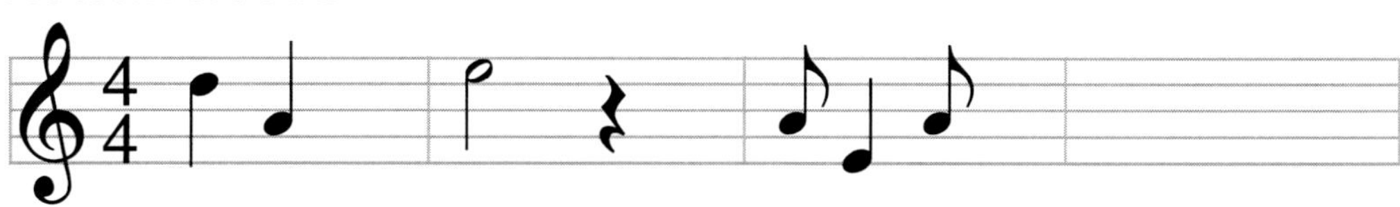

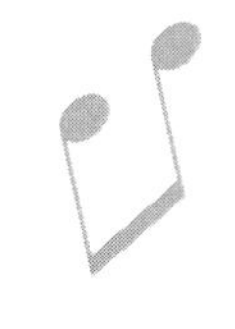

Noten lernen kinderleicht mit Fridolin, dem Notenhelfer – Bestell-Nr. 12 109
KOHL VERLAG

Lektion 16

Mit Noten rechnen? Ist das möglich?

Mit Notenmathematik könnt ihr richtig Eindruck machen. Als Rechenaufgabe aufgeschrieben, ist das Rechnen mit Notenwerten eine Art Geheimschrift. Aber schaut einfach selbst...

= 1/8 = 2

= 1 = 3

= 1 u. = 4

] 1 + 1 = 2

] 1u. + 1/8 = 2

Der Haltebogen zieht die Werte zusammen, d.h. er macht die Aufgaben noch kniffeliger!

] 10 + 6 = 16

] 20 - 7 = 13

Findet nun selbst fünf Aufgaben und sucht euch jemanden, der diese lösen soll. Klappt das?

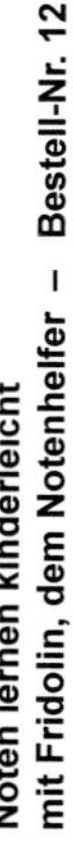

Lektion 17

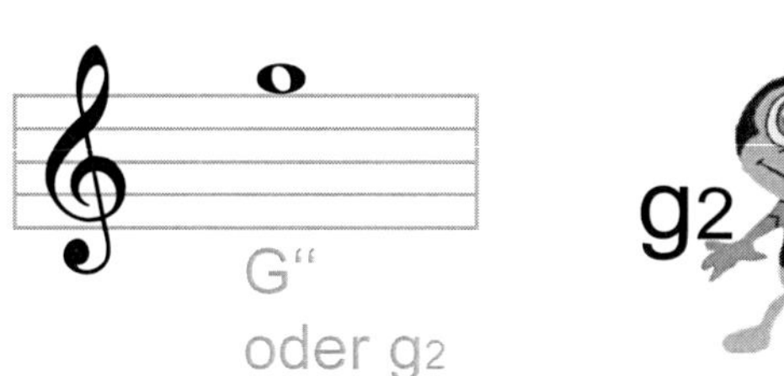

Nun folgt die Note **g2.**

Das **g2** liegt über dem Notensystem, sozusagen im gedachten ersten Zwischenraum oberhalb der Linien.

Schreibt auch hier die Namen der Noten unter die 4 Notenreihen im 4/4- und im 3/4-Takt.

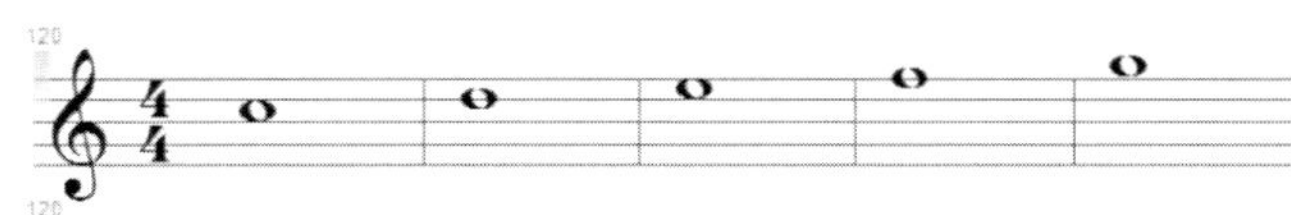

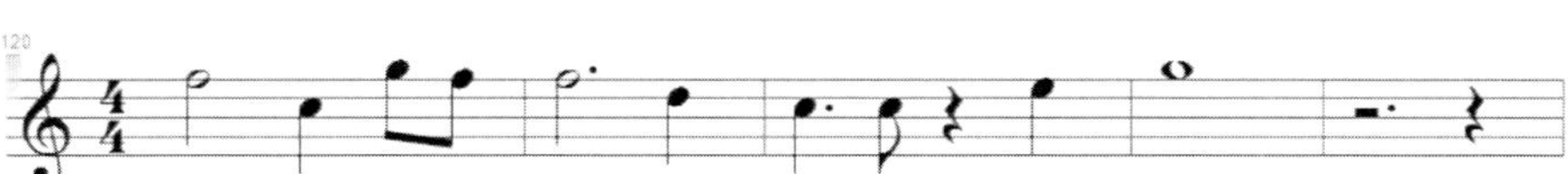

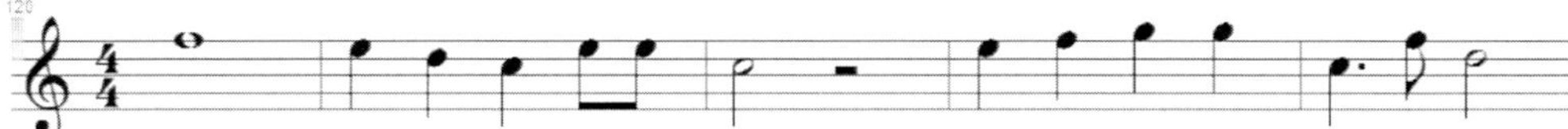

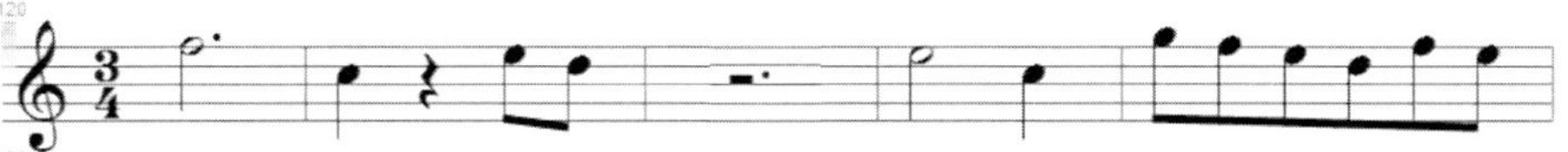

Wenn ihr das geschafft hat, dürft ihr gerne wieder mit dem Notenspiel spielen. Ergänzt dazu eure Notenkreise um die Noten, die hinzugekommen sind. Legt hier nur die 5 Noten in der zweiten Oktave auf das Brett auf.

Noten lernen kinderleicht mit Fridolin, dem Notenhelfer – Bestell-Nr. 12 109
KOHL VERLAG

Lektion 18

Nun gehen wir noch höher zur Note **a2**.

Die Note a2 sitzt auf der ersten Hilfslinie über der Note g2.

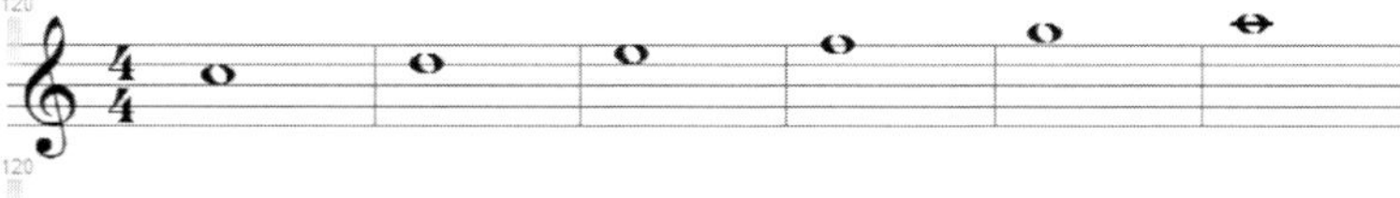

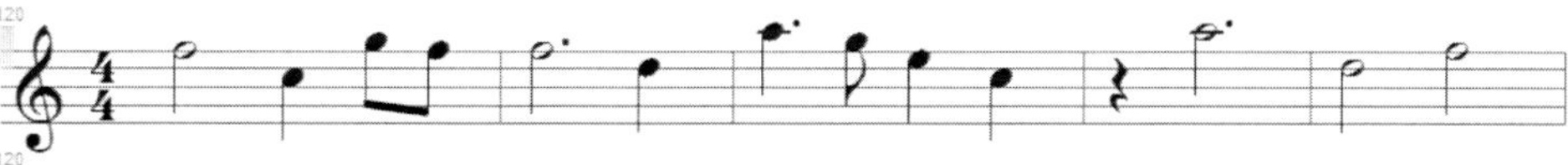

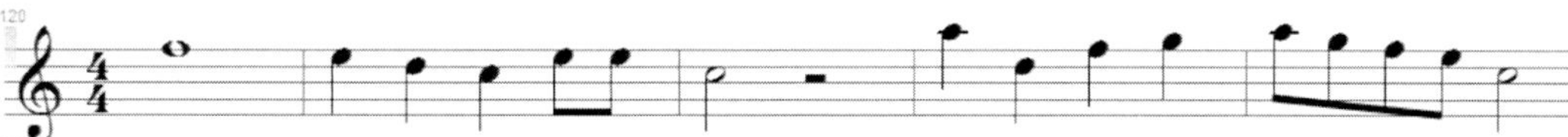

Noten lernen kinderleicht mit Fridolin, dem Notenhelfer – Bestell-Nr. 12 109
KOHL VERLAG

Lektion 18

Lasst uns einmal eure Ohren testen...

Eine Person (Lehrkraft oder Kind) spielt z.B. auf dem Keyboard, Klavier oder auch Glockenspiel nacheinander zwei Töne.

Die Zuhörer haben den Auftrag, den Unterschied in der Tonhöhe zu bewerten. Ist der zweite Ton höher oder tiefer als der erste?

Auf einem Blatt könnt ihr wahlweise H oder T oder Pfeile nach oben oder unten notieren. Um nicht durcheinander zu kommen, kann man die Notizen auch verdeckt hinter einem Tafelflügel festhalten und später zur Kontrolle nutzen.

Vergleicht eure Ergebnisse. War das Hören leicht oder schwer?

Tipp: Man kann dieses Spiel auch als Wettstreit mit zwei Mannschaften spielen.

Noten lernen kinderleicht mit Fridolin, dem Notenhelfer – Bestell-Nr. 12 109
KOHL VERLAG

Lektion 19

Nun folgen die letzten beiden Noten, nämlich das **h_2** und das **C_3**.

Das **h_2 liegt oberhalb der ersten Hilfslinie über dem Notensystem.** Das **C_3**, also das dreigestrichene C, **liegt genau auf der zweiten Hilfslinie über den Notenlinien.**

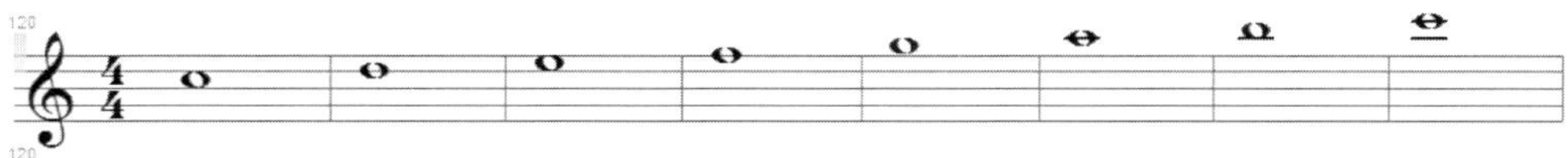

Nun kennt ihr die Noten von C_1 bis zum C_3, die Pausen, Wiederholungszeichen, Schlusszeichen, Haltebogen, 4/4-Takt und 3/4-Takt. Ihr könnt mit Noten Wörter schreiben und sogar rechnen. Spitze!

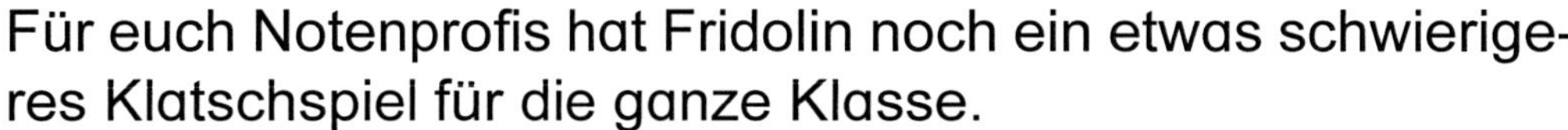

Für euch Notenprofis hat Fridolin noch ein etwas schwierigeres Klatschspiel für die ganze Klasse.

Die ersten 10 Takte sind im 4/4-Takt und die nächsten 10 Takte im 3/4-Takt. Schaut euch die Reihen zunächst einmal genau an.

Für das Spiel benötigen wir zwei Gruppen.

Die erste Gruppe klatscht die erste Reihe, während die anderen stumm mitlesen und kontrollieren. Die zweite Gruppe klatscht dann die zweite Reihe, während die erste Gruppe die Kontrolle übernimmt.

So macht ihr es mit allen angegeben Reihen.

Um die Schwierigkeit zu erhöhen, könnt ihr auch bei Fehlern „Stopp!" rufen und dann wieder am Anfang der Reihe beginnen. Oder ihr wechselt nach Fehlern die Gruppe und wertet richtige Reihen mit Punkten.

Viel Spaß dabei!

Lektion 19

Wer ist der Takt-Chef?

Ihr braucht nun einen Mitschüler, den wir Takt-Chef nennen. Dieser klatscht die ersten 5 Takte von unten mit Hilfe einer Trommel o.ä. vor. Der Takt-Chef stellt sich vor die Klasse, klatscht einen einzelnen Takt der Reihe vor und auf sein Zeichen fangen zunächst vier Schüler an, diesen ebenfalls zu klatschen. Klappt das gut, klatschen dann weitere vier Schüler mit, bis die ganze Klasse klatscht. Dann übt ihr nacheinander die nächsten Takte zu klatschen. Klappt das, dann bildet zwei Gruppen. Die erste Gruppe klatscht die erste Notenreihe im 4/4-Takt und die zweite Gruppe die zweite Notenreihe. Das hört sich sicher super an. Der Takt-Chef sollte auch mal getauscht werden.

Habt ihr das gut hinbekommen, klatscht den 3/4-Takt. Genauso wie oben beschrieben.

Könnt ihr alle 4 Notenreihen sicher klatschen, probiert mal hintereinander den 4/4-Takt und dann gleich den 3/4-Takt.

Lektion 19

Zum Spaß noch ein anderes Notenmathe-Geheimnis.

Könnt ihr es lösen?

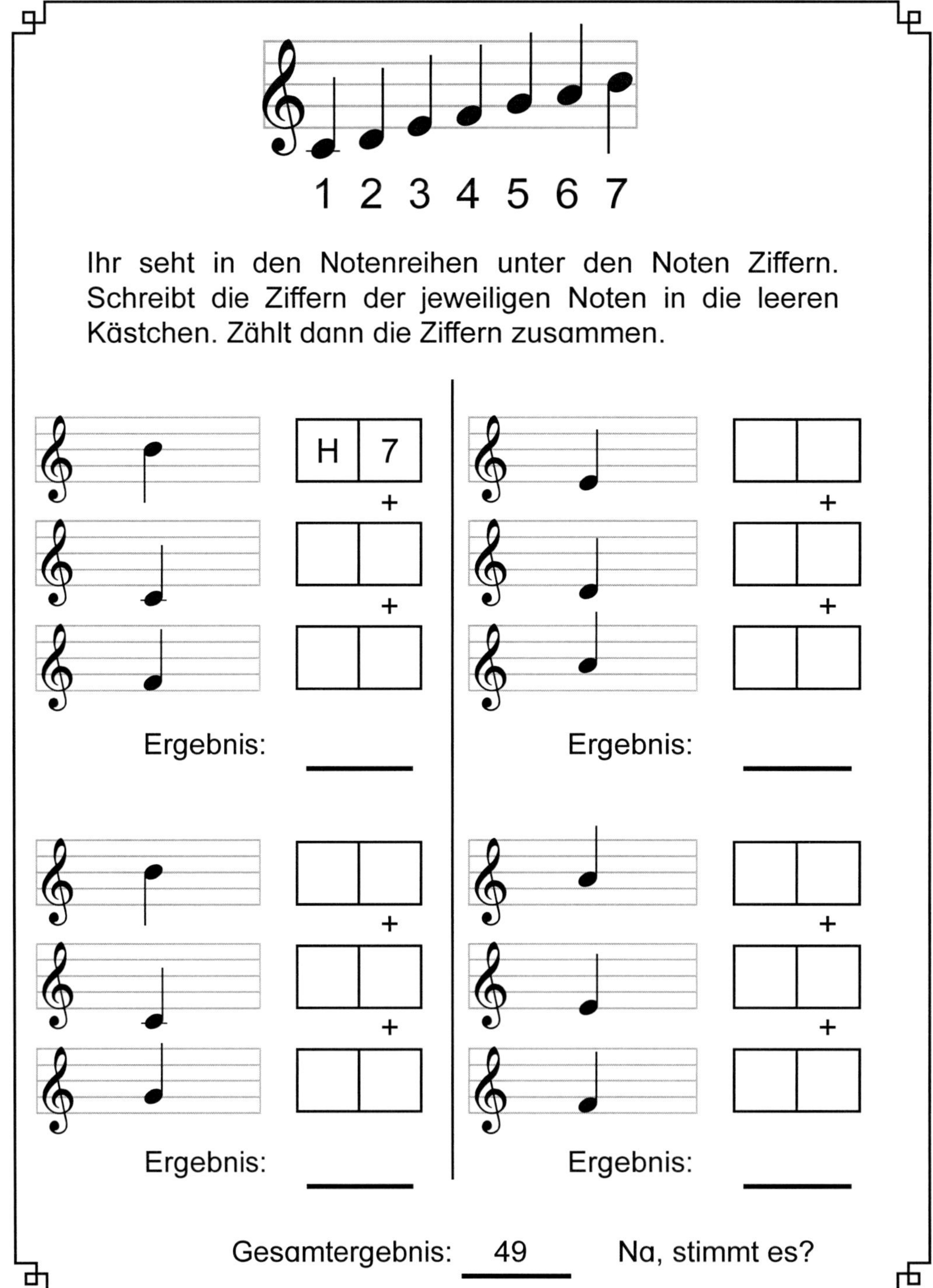

Findet selbst passende Rätsel zu den Ergebnissen 10, 14, 21.

Lektion 19

Zum Abschluss noch einmal alle Noten und Pausen von **C1** bis **C3**. Schreibt bitte die Notennamen und deren Länge unter das Notensystem.

Spielt nun mit dem Notenbrett. Legt die Noten von **C1** bis **C3** aus.

Würfelt ihr die Note C, könnt ihr es euch aussuchen, ob ihr es ganz unten in der Mitte oder ganz oben auslegt. Genauso ist es mit den anderen Noten.

Zur Übung spielt auch nochmal an der Tafel alle Noten, Pausen sowie den GS, das WH und das EZ.

Noten lernen kinderleicht mit Fridolin, dem Notenhelfer – Bestell-Nr. 12 109
KOHL VERLAG

Lektion 19

Bravo! Nun habt ihr es geschafft und könnt stolz sein.
Malt noch einmal alle Noten von C_1 bis C_3.